Olvido
Flores

OLVIDO FLORES

Estefanía de Paz Asín

ESTA OBRA FUE ESTRENADA DENTRO DE
UNA CARAVANA EN EL FESTIVAL BRIF BRAF
BRUF EN EL BARRIO DE LA TXANTREA DE
PAMPLONA EN ENERO DE 2023

TEXTO Y DIRECCIÓN
ESTEFANÍA DE PAZ ASÍN

REIKIAVIK
ediciones

Colección Aplausos

Primera edición: febrero de 2024

Copyright de la presente edición:
© Del texto: Estefanía de Paz Asín, 2023

© Reikiavik Ediciones. Pamplona (Navarra)
www.reikiavikediciones.com
info@reikiavikediciones.com

ISBN: 978-84-127420-2-2
Depósito legal: DL NA 351-2024

Corrección: Javier Díaz Murillo
Edición: Reikiavik Ediciones
Traducción al euskera: Nerea Balda San Juan
Diseño de cubierta, interior y maquetación: Ana Córdoba Pérez
Fotografías del espectáculo: Kiko Ortega Lafuente

Impreso en España por: Gráficas Iratxe, S.A.
Orcoyen, Navarra.

Colabora:

Camaradas del Circo Anastasini, *quiero que este libro sirva para que el mundo sepa que fuisteis reales, y sembrasteis la risa y el asombro por los rincones de unos tiempos oscuros. Para mucha gente represaliada su único mausoleo fue salir en una lista. No tuvisteis ni siquiera eso. Esta obra es mi humilde homenaje de reparación, justicia y recuerdo. Gracias por prestarme vuestra voz.*

Índice

Prólogo

A escena

Busco entre los recuerdos que tengo de Tefi de Paz algo, un trozo de voz, un momento, una idea, una mirada, sonido, lugar, una fecha; no sé, algo que permita arrancar este prólogo, ponerlo en circulación, porque todo prólogo requiere eso, poner en escena a la artista para que ustedes sepan algo de ella, presentarla como a toda artista que pasea su gloria meciéndose sobre su cabeza. En definitiva, algo para que se enganchen al libro que tienen entre sus manos y descubran qué hay detrás de toda esta historia que Tefi nos cuenta. Una historia donde la ausencia, el recuerdo y la muerte están presentes. Quizá por eso Tefi de Paz eligió nacer el día de los muertos. Para resucitarlos.

Tefi es una artista muy disciplinada, de ahí que se titule multidisciplinar, que no es que sea múltiplo o múltipla de algo, sino que ese algo multiplica su valor cuando se pone manos a la obra. Y ya son unas cuantas, sus obras quiero decir. Presume además de ser muy formal, pues está formada en circo, teatro, danza, voz y no sé cuántas cosas más, hasta trabajadora social.

Pero quien la conoce bien, aparte de su madre, dice que lo mejor de ella es la voz. Pues siempre quiere llevar la voz cantante, en especial en esos momentos en que interpreta a Olvido Flores, ese personaje que da vida y muerte a este libro, que ya les advierto que no es una historia cualquiera. Porque es una historia donde el dolor cuelga de un trapecio y donde el miedo cabalga a lomos de un elefante viejo. Pero sobre todo es una historia sin terminar, algo impropio de todo tiempo pasado. Porque esta historia se cerró en falso en un sembrado sediento llamado San Gil, en la muga de Larraga y Lerín, un lugar donde hasta la memoria se reseca. Pero de eso ya les contará Tefi.

El silencio de los huesos

Sabía que a ella le fascinan las historias *undeground*, las biografías bizarras, los personajes fuera de norma, las vidas al borde del abismo, los bajos fondos de la vida y quienes se exponen a riesgos vertiginosos. Gente quinqui, cupletistas, sicalípticas, salteadores, funambulistas, mercheras, peristas y gente así. Porque Tefi, es de esas artistas que necesitan del desorden vital para sacudirse el hastío.

Y es que había una historia trágica, troceada en pedazos dispersos sin componer, de la que se hablaba en los últimos años. De la que se hablaba sin hablar del todo pues faltaban muchos puntos y aparte. Y abundaban los interrogantes. Pensé que Tefi —tal vez— podría unir esos trozos, darles forma. Hablamos de la trágica memoria del Circo de Lodosa. Una historia que hace años se la había oído contar a Eme Nieto, un desenterrador de memorias, un tipo recio de Larraga, de manos grandes y capaces de rastrear la tierra con la pasión de los buscadores de oro, solo que él busca huesos de muertos de una guerra que todavía resuena en muchas cunetas de Navarra. Porque sabe que lo que se pierde, se pierde y no se recupera. Y así llega el silencio. Y el vacío y el olvido. Como digo, Eme es arte y parte mayor de lo que aquí sigue. De aquello hace años, pero cuando se la oigo contar a Eme Nieto de nuevo, siento que el pasado no acaba de marcharse.

Cuando le comenté a Tefi esta historia su cabeza empezó a funcionar como un capitán poseído por sus obsesiones. Y ya no ha parado desde entonces. Porque esta historia, la que da lugar a este libro, podía ser una más de las tragedias enterradas que lloran en las cunetas de muchos de nuestros pueblos y ciudades. Pero siendo así, este relato que nació de la risa amarga de un payaso melancólico y de la pirueta de un malabarista que oraba cada tarde hacia la Qibla, se te clava como un aguijón infectado de miedo. Y sientes, cuando la oyes contar, un estremecimiento que te arrastra en el tiempo. Porque, según lo oído, cuesta entender cómo se puede asesinar a alguien a sangre fría mientras te hace reír o te deslumbra con sus juegos malabares. Cuesta, pero al final alguien te recuerda que el veneno circula por las venas de muchos asesinos.

¿Ocurrió todo como se ha contado? ¿Como aquí se cuenta? No lo sabemos con exactitud. Porque el relato construido lo conocemos a trozos, como un nublado de memoria en sepia. Quizá todo fue más complejo, tal vez hasta más trágico, oscuro y cruel. Tanto, que la barbarie buscó refugio para no ser descubierta. Para huir de aquella vida en llamas. Y tal vez hubo voces y gritos y papeles escritos y borrados y firmas y confesiones y miradas de última hora y suspiros expirados, ojos suplicantes y gritos pidiendo clemencia y miedos inconfesables como el de un iceberg en la noche, y angustias apegadas a los huesos sin descubrir aún, y balas; muchas balas en la recámara gastadas y sin gastar y curas y secretarios y alcaldes y vecinos malencarados que supieron de aquella vileza y callaron y asesinos que siguieron sus vidas manchadas de sangre como si nada y jueces que miraron para otro lado porque solo había un lado a salvo, y familiares que no supieron nada, que nunca más supieron de sus sangres convertidas en mortajas anónimas y demonios deambulando por los campos y yecos recién arados. Porque en aquella tarde, que el cielo vestía nubes homicidas, se inició un tiempo largo que muchos convirtieron en ceniza. Un tiempo de olvido.

Pero de aquello, de aquella tarde y las que siguieron, de miedos y huidas hasta acabar en cuatro paladas de tierra que apenas cubrieron el pavor y la sangre, quedan tan solo retazos, eslabones perdidos, piezas rotas, voces sueltas, recuerdos lejanos, imaginaciones, conjeturas, más o menos armadas, sí. Pero faltan los nombres. De unos y de otros. De los desahuciados en el olvido. Y es que si hay algo que pesa como una losa en esta historia son los muertos. ¿Quién los echó en falta? ¿Quién los echa en falta hoy? Porque pareciera que hay muertos que no buscan a sus asesinos. Ni siquiera se buscan a sí mismos. Solo quieren saber si queda alguien que les eche en falta. Y si están ahí. Porque hay muertos que no son de nadie. Porque siguen sin morir del todo. Por eso la falta de esos nombres impide cerrar esta historia.

La búsqueda, el relato

Y fueron esos nombres y esos huesos los que no dejaban dormir a los primeros rastreadores de esta historia. Eme Nieto, Javier Ayape y María José Sagasti, muy vinculados con la recuperación de la memoria histórica en Navarra, comenzaron sus averiguaciones entre 2012 y 2015. Como otros investigadores de este periodo, han tratado de reconstruir los personajes y los hechos a partir de testimonios de vecinos de Larraga y de otros pueblos de Navarra que, o bien fueron testigos en mayor o menor medida de los sucesos, o supieron de ellos a través de diversas fuentes. Complementaron sus pesquisas con entrevistas en profundidad, historias de vida y el análisis de hemeroteca de varias ciudades españolas donde el Circo de Lodosa celebró actuaciones. Y ahí siguen.

La historiadora María José Turrión comenta en este sentido que los autores, refiriéndose en general al proceso de este tipo de investigaciones, «son personas a las que algo no les cuadra en el relato de la guerra y hacen una revisión histórica». Eme Nieto y sus compañeros de cordada memorialística lograron así una aproximación a esta tragedia sin resolver que ya está generando una incipiente literatura y que Tefi dramatiza y presenta en este texto.

Y es que la Guerra Civil, con todos sus efectos colaterales, previos y posteriores a ella, se ha convertido también en una moda literaria. El fenómeno es a veces un campo minado de voces y dramaturgias que tratan de explicar o complementar los vacíos historiográficos de este periodo. Más aún, puede convertirse en un serio problema de relato, porque como dice David Becerra, en muchas de estas novelas «la memoria no funciona como un instrumento de oposición al presente, sino de asimilación».*

Esta inflación literaria comenzó a gestarse en los años 90 en paralelo a las reivindicaciones de los movimientos sobre la memoria histórica. «En este sentido, estas novelas se suelen definir como novelas de la memoria histórica, llegando, incluso, a establecer una relación directa entre este fenómeno literario y la reivindicación de la reparación moral de las víctimas del franquismo que, desde principios del presente siglo, está realizando la Asociación para la Recuperación de la Memoria Histórica (ARMH)»**. Y esta obra se sitúa claramente en esa posición.

---

* Becerra Mayor, David, *La Guerra Civil como moda literaria*, con prólogo de Isaac Rosa, Editorial Clave Intelectual, Madrid 2015.

** Del prólogo de Isaac Rosa en: Becerra Mayor, David, *La Guerra Civil como moda literaria*. Editorial Clave Intelectual, Madrid 2015.

Por mi parte, les dejo con *Olvido Flores* quien ha construido un artefacto dramático y narrativo capaz de movilizar las emociones más profundas. Y también la risa más amarga mezclada con el llanto. Porque en esta historia no se viene llorado de casa. Se llora aquí por quien no tiene nombre, ni nadie que lo reclame, por el silencio, por la velocidad de las cosas, por las vidas truncadas, las plegarias que nadie escucha, los sueños ausentes, los anillos rotos, los cráneos vacíos, las pisadas errantes, la eternidad de las incertidumbres, los huesos sin tumba, las tumbas sin nombre, las cartas perdidas, las voces ahogadas, los disparos inmunes, las ausencias que parpadean y por todas las sonrisas que los Anastasini siguen sacándonos del fondo de la amargura. «Los Anastasini», esa gente de circo que hace 88 años fue testigo de un colapso del tiempo y que hoy vuelven para resucitarlo. Porque aquella función que una tarde reseca quedó como en suspenso, dicen que va a comenzar, otra vez.

Al leer estas palabras Tefi de Paz dijo que todo aquello le sonaba a una frase de Rodrigo Fresán que dice: «Recordar lo que pasó es como soñar con los ojos abiertos». Acto seguido alguien apareció con un ramo de nomeolvides y Olvido Flores comenzó la función anunciando que siempre hay una luna llena que ilumina nuestras historias. Así que, pasen y vean.

Paco Roda
Mutilva 2024

Crítica

Para empezar, dejadme ser franco y confesaros algo respecto a esta obra que me ha estado rondando la cabeza desde hace meses, cuando sólo era un proyecto, mucho antes siquiera de poder verla. Yo conocí por primera vez el trabajo de Estefanía de Paz Asín el 13 de octubre de 2022, cuando en la sala pequeña del Teatro Barakaldo pude ver *La reina del Arga*. El flechazo fue instantáneo. Aquel espléndido espectáculo se coló por derecho en mi Top 3 de Mejores montajes de ese año (publicado en BI FM) y, por azares de la vida, pocos meses después acabé conociendo personalmente a la mujer tras la obra: a Tefi. En el año y medio escaso que ha transcurrido desde entonces, hemos coincidido en diversas ocasiones, hemos entablado una muy cordial y, sobre todo, estimulante relación (al menos para mí, dada su creatividad, su ilusión vital y su contagioso entusiasmo desbordante). Sin embargo, hay algo que siempre he tenido en mente, pero le he ocultado (siento decírtelo aquí en público ahora, querida Tefi). Cada vez que hablaba con ella pensaba: ¿Qué va a hacer ahora esta mujer? ¿Cuál va a ser su próximo proyecto? Porque después de haber tocado el cielo con una creación, lo habitual es que a la artista sólo le quede, digamos, 'caer', quiero decir, ir 'a peor'; ya que seguramente le va a ser imposible volver a alcanzar ese nivel de genialidad de una 'obra magna'. Esa era mi inquietud cada vez que hablaba con Tefi del futuro, ese era mi pudor cuando me iba contando lo que iba a ser *Olvido Flores*. Yo no podía dejar de pensar: ¿Será consciente de que 'lo próximo' le va a salir, por fuerza, no tan bien como 'lo anterior'?

Por eso cuando *Olvido Flores* llegó a Euskadi por primera vez (el 12 de enero de 2024, en la Ibarretxe Kultur Etxea de Iurreta, Bizkaia), me acerqué preparado para fingir mi mejor sonrisa, consciente de que, tras la función, tendría que decirle a Tefi que, obviamente, el espectáculo me había maravillado. Ni qué decir tiene que, si ahora estáis leyendo esto aquí, es porque, al acercarme a ella al terminar la obra, no tuve que fingir. No sé si *Olvido Flores* alcanza o no la excelencia de La *reina del Arga* (toda comparación es odiosa y encima en este caso hablamos de formatos teatrales diferentes); pero sé que me da exactamente igual porque cuando pienso en *Olvido Flores* me olvido de *La reina del Arga*. Por eso aquel día pude acercarme a Tefi para decirle, con brutal honestidad, que me sigue pareciendo una jodida genia, una teatrera valiente, militante y comprometida. Porque no sólo se deja la piel (y el dinero, me consta) en lo que hace, porque no sólo es muy buena en lo que hace, sino porque además lo que hace es importantísimo y necesario: recuperar la memoria histórica a través del teatro, revivir vivencias reales injustas de personajes olvidados (y relacionados con su pasión: el circo).

Si en *La reina del Arga* lo hizo con la pionera, pero ninguneada funambulista pamplonica Remigia Echarren, ahora en esta 'joyita de bolsillo' (es una pieza de muy pequeño formato que no alcanza la media hora de duración) lo hace con el italiano *Circo Anastasini*, al que el fatídico julio de 1936 pilló actuando en Lodosa (Navarra), en pleno alzamiento militar. El resultado: algunos fueron

17

fusilados; otros, obligados a entretener a las tropas* cual monos. Para dignificar la memoria de la gente que componía aquella compañía y darles la paz que nunca tuvieron tras la muerte, Tefi se ha inventado (porque ella lo hace todo: actúa, pero también escribe, dirige y produce) al personaje de Olvido Flores, una suerte de plañidera-catrina-payasa dedicada a conservar objetos y, sobre todo, memorias. Ella sola en escena, aunque 'acompañada' de personajes paralelos (sean existentes o ficcionados, sean interpretados también por Tefi o a través de grabaciones de audio), va relatando al público una historia real, pero que ella ha tenido que recomponer a modo de verdadera historiadora (recopilando documentos, testimonios... y, por supuesto, aportando un extra de ficción y de sabiduría dramatúrgica para llenar vacíos).

El resultado es un espectáculo emocionantísimo, que toca y que, con esta historia puntual de la troupe del Anastasini, destapa todo el drama que la Historia en mayúsculas puede llegar a sepultar si, en vez de conectar con las vivencias personales, nos quedamos en la quirúrgica descripción de los hechos y en las frías cifras. *Olvido Flores* expone durante poco más de 20 minutos este suceso olvidado con la solemnidad requerida, pero también con humor; con datos reales, pero también con ensoñación; con las grandes dotes interpretativas de Tefi, pero también apoyándose en un cuidadísimo (e ingenioso) teatro de objetos que crea magia y poesía visual en vivo (bravo también para la 'mirada externa' de mis admirados El Patio Teatro, para el muy pensado vestuario de Edurne Ibáñez Huarte y para la dulce música de

---

* Puedes encontrar una fotografía original que refleja uno de esos momentos en la parte final del libro.

Gorka Pastor Yerro). Todo en *Olvido Flores* está hecho con mimo, pasión y cariño. Y eso al público le llega.

Aunque se concibió originalmente para representarse para sólo una veintena de personas dentro de una caravana (para acentuar el halo circense del relato), el show se ha empezado a hacer también en sala. Y funciona igual de bien. Porque tanto la historia como Estefanía son infalibles. Si en 2022, gracias a *La reina del Arga*, consiguió que el Ayuntamiento de Pamplona pusiera a unas pasarelas sobre el río Arga el nombre de la funambulista Remigia Echarren (que tantas veces lo cruzó sobre la maroma), ahora con *Olvido Flores* ha vuelto a llenar un vacío en la negra Historia reciente de nuestro país. Lo ha hecho devolviendo la dignidad a la olvidada compañía Anastasini a través de algo a la vez tan simple, pero tan necesario y debido como el recuerdo (del latín «recordari», es decir, «re» —otra vez— y «cordis» —corazón—; o sea, «volviendo a pasar por nuestros corazones» a los Anastasini).

Si todo el arte, toda la cultura, todo el teatro, fueran tan comprometidos como las creaciones de Tefi, este país y este mundo serían lugares mejores. Por eso, no puedo decir más que BRAVO y GRACIAS. Y, por suerte para mí, lo puedo decir ya sin miedo a ese momento, que seguro llegará pronto, en el que la inquieta Estefanía me empiece a hablar de un posible próximo proyecto. De hecho, estoy seguro de que su cabeza ya estará tramando algo; y también estoy seguro de que si ella lo lleva adelante, yo estaré interesado y deseando verlo, vivirlo y sentirlo, una vez haya tomado forma y se estrene.

Germán Castañeda
Periodista y crítico teatral
Crítica escrita para BI FM

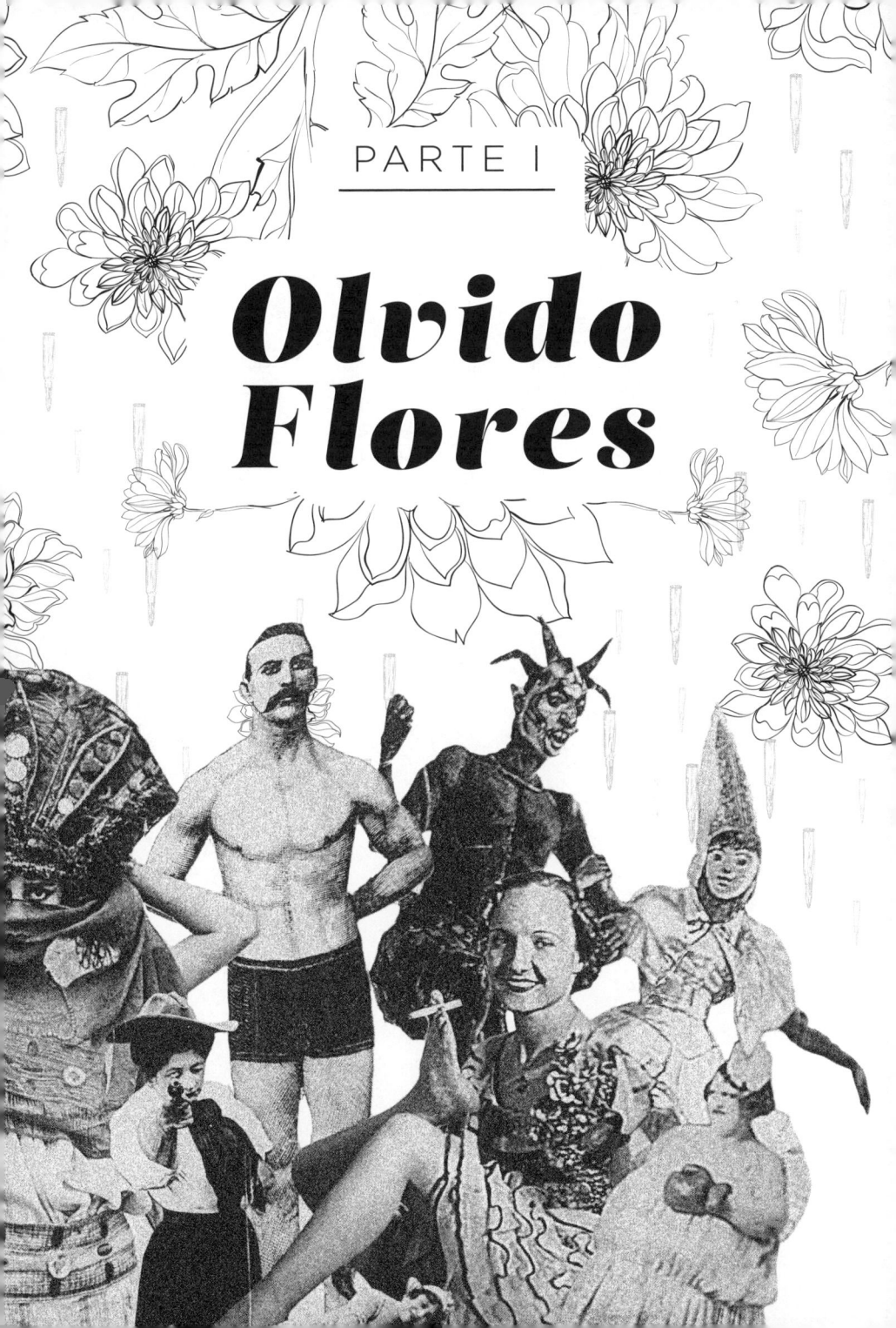

PARTE I

Olvido Flores

No me voy a olvidar ♡
de cuánto me ha gustado
el espectáculo, en caso de
tener flores te las hubiera
tirado al terminar 
Anna Confetti

Poniendo luz
a la historia.
desde el Alma.

Gràcies!
Volver a pasarlos
por el corazón,
hacerlos vivir:
Les besnetes recordem

Florezcamos
Siempre
Gràcies
♡

La memoria histórica
nos hace ser más libres
GRAAS

" - ¿Qué estás haciendo?

- Memorizando cada rincón, en mi futuro,
  en el recuerdo, viviré a menudo en esta
  habitación".
  (Gracias por cumplir con el deber de
  NO OLVIDAR nuestra historia, Estefanía)

Una preciosa manera de
RECORDAR
De lo bello y fantástico
pasamos en un segundo
al HORROR
Idoia Gorrotxategi.

GRACIAS POR RESCATAR
DEL OLVIDO A TODAS ESAS
VIDAS PERDIDAS EN LAS
CUNETAS DE ESTA TRISTE
PENÍNSULA. GRACIA POR
PONER HUMOR EN MEDIO
DE TANTA TRAGEDIA.

Ru

Felicidades por tu derroche de Creatividad.

Un regalo a la memoria, una caricia al corazón
y una cuna para el alma.
Gracias 💙 Gina

Resucitar a un circo

Sentí por todo mi cuerpo un tremendo escalofrío cuando llegó a mis oídos la terrible y poética historia del circo de Lodosa. Lo recuerdo perfectamente, fue en Barañain, un pequeño pueblo al lado de Pamplona. Actuaba con mi anterior espectáculo *La reina del Arga* en la casa de cultura de dicha localidad. Tras finalizar, Paco Roda, amigo e historiador, apareció de entre el público presente, se acercó para saludarme, contrastamos varios datos históricos de la obra que acababa de presenciar y tras ofrecerse para ayudarme a recoger, me dice:

— Oye Tefi, a ti que te gustan las historias de circo locales, ¿conoces la historia del *Circo Anastasini*?

— ¿El circo anastaqué? Le pregunté yo...

Y entonces me habló del *Circo Anastasini,* un gran circo de origen italiano que realizaba su gira por la península en 1936, con tan mala suerte que les pilló en Lodosa el fatídico 18 de julio de ese verano. Esta troupe desapareció sin dejar rastro, como el mejor número de magia, abandonando la carpa, los caballos y un elefante que se quedó andando a sus anchas por las estrechas calles de Lodosa.

Se me pusieron todos los pelos de punta, y cuando se te ponen los pelos de punta es que es ahí. Cuando algo te emociona de esta forma, es que es ahí. Así que tenía claro que el circo fantasma de Lodosa entraba a ser parte de mi vida y mi siguiente proyecto artístico sería revivir al *Circo Anastasini*.

Me pareció muy injusto lo que hicieron a esta compañía circense de más de 50 artistas. Por eso les he dedicado este espectáculo, con la intención de hacerles un ritual de muerte que nadie les ha dedicado. Para muchos desaparecidos salir en una lista es la única lápida que tendrán jamás, pero para esta gente nómada su familia era el circo, así que nadie los reclamó. Desaparecieron todos. Ni siquiera constan en una lista y eso hace que me duela el alma. Como nadie les ha reclamado, yo les vengo a reclamar.

Me puse manos a la obra, quería saberlo todo. Paco Roda me facilitó varias noticias de lo sucedido, incluidas en este libro, y el teléfono de Eme Nieto, un investigador incansable. Tuve un primer encuentro con él en la cafetería de la Universidad Pública de Navarra, entre ruidos de vajilla y jóvenes estudiantes. Hablamos de muchas cosas, pero principalmente de la memoria. Me dijo que su función en esta vida era no olvidar a todas aquellas personas que desaparecieron en la guerra civil, y en homenaje a las víctimas había hecho con sus propias manos un montón de monolitos distribuidos por toda Navarra.

Seguí la búsqueda por tierra, mar y aire. Por la realidad y por lo virtual. Durante bastante tiempo fui recopilando la máxima información posible de este terrible suceso, escuchando relatos de testigos, buscando a los herederos de aquella tragedia, rascando en la memoria colectiva..., porque esta historia, como otras muchas, se estaba perdiendo en el olvido. Lo único que nos queda es el recuerdo de las personas que los conocieron y los han guardado en su hipocampo.

Esta búsqueda y la creación duraron varios años. Fue una inmersión en cuerpo y alma, y así es como nació *Olvido Flores*. Me he rodeado de un gran equipo al cual me ha parecido oportuno darle visibilidad, sacarlo de la sombra, y gracias al trabajo del fotógrafo Toni Sasal, aquí se les pone rostro.

En un principio, este espectáculo estaba pensado para realizarse en el espacio rodante *Las maravillas de Júpiter*, una caravana dorada que pretende recorrer todos los rincones del universo llevando, pues eso, maravillas a cualquier esquina. Vista la acogida que ha tenido la obra, la adaptación a sala no se ha hecho esperar. *Olvido Flores* tenía que crecer, así que ya se puede disfrutar en ambos formatos. Tras el estreno el 3 de enero de 2023, en el Festival Brif Braf Bruf (en el barrio de la Txantrea, en Pamplona), *Olvido Flores* ha cerrado este primer año con 74 representaciones por toda la península.

Es una obra de objetos de pequeño formato que apenas supera los 25 minutos. Un pequeño gran espectáculo para recordar. Un homenaje a la memoria para no olvidar de dónde venimos y no repetir los errores en un futuro.

También me pareció que tenía sentido integrar dentro del montaje la historia de guerra de mi familia. Mi bisabuelo desapareció en el verano del 36, como otros muchos. Pensé que era muy bonito poder unir la historia de mi *familia de sangre* con la de mi *familia de profesión*. Otra historia, sí, otro drama de guerra, porque no son suficientes para saber lo que pasó y lo que pudo pasar en este tiempo que algunos quieren olvidar.

Pero en estas tragedias siempre hay un fleco o giro de guion inesperado. Siempre hay luz en la oscuridad, o eso dicen. Resulta que hubo un superviviente de la matanza. Un niño de tres años llamado Renato. Y resulta que arribó a Estados Unidos y al crecer cultivó su vena circense. Resulta que el *Circo Anastasini* sigue vivo en Florida de la mano de la siguiente generación. Y como siempre en mi vida, pues pasan cosas mágicas y parte de esa familia regresó el 4 de diciembre de 2023 a Navarra, a visitar el monumento homenaje a sus antepasados en el pueblo de Larraga.

Y allí nos encontramos para cerrar este círculo. En directo, gracias a las tecnologías, llamaron a Renato, ya anciano, y ahí apareció, en la pantalla, y algunas lágrimas saltaron de nuevo al vacío. La emoción era indescriptible y la gratitud inmensa por poder vivir este privilegio. Juntos visitamos el lugar donde hallaron los restos de los asesinados y pisamos la plaza de Lodosa donde se truncó la risa. Pero aún quedaba un capítulo importante.

Los Anastasini asistieron a la función de *Olvido Flores* en la caravana. Quizá, el pase más emotivo que he dado en toda mi vida. Me costó terminar, pues la emoción subía a borbotones por mi garganta casi impidiéndome hablar. Lloramos como niños, nos abrazamos. Y sentí que de verdad la vida me daba una oportunidad de hacer justicia, de rendir un homenaje y bajar el telón como es debido. Ellos lo merecían.

Os invito a leer el libro de *Olvido Flores*, mi última creación. Un libro muy bello con tres partes que incluyen el texto principal en castellano y en euskera, con fotografías del montaje, vestuario, música...; otra llamada *Del recuerdo al olvido*, que consiste en una polifonía de voces que aportan más información y contexto histórico, y la última: *Anastasini, retrato de familia*, con carteles y fotos originales.

Espero que os llegue al corazón, porque es el único lugar desde donde yo pude comprender esta historia de circo, y el único lugar desde donde pude conectar con el dolor, pero también con la esperanza de ser artista ambulante, y más en tiempos de guerra. Desde estas páginas, mi gratitud a quienes nos hacen reír y a quienes acuden con ganas de emocionarse bajo una carpa, incluso en los días más oscuros.

Ficha artística

Idea original, creación e interpretación	Estefanía de Paz Asín
Dirección, guión y dramaturgia	Estefanía de Paz Asín
Fotografía	Kiko Ortega Lafuente
Música y espacio sonoro	Gorka Pastor Yerro
Escenografía	Estefanía de Paz Asín
Vestuario	Edurne Ibáñez Huarte
Maquillaje	Arantza Otel Valverde
Iluminación	Mikel Navascués Allué y Lívory Bárbez
Vídeo	Jesús Iriarte Salinas
Producción	Estefanía de Paz Asín, Iraia Sanz Urtasun y Amaia Gurucelain Villegas
Distribución	Belén Álvarez «Quiero Teatro»
Ayudante de dirección artística	Ariadne Iribarren Irigoyen
Diseño gráfico	Minimizán

Olvido Flores

Olvido Flores

(Suena una música de fondo* mientras el público va acomodándose en sus butacas. No se ve a la actriz, está escondida detrás de un mostrador de lo que parece ser una pequeña tienda. Sobre este una báscula metálica con unas flores granates y una vela, la tapa de madera de una máquina de coser Singer, un timbre de recepción, cajas… Es una sucursal de objetos perdidos y esta es la escenografía. Da la sensación de ser un espacio oscuro, tenue… crea intriga. La luz de la sala y del escenario están encendidas, pero de forma sutil, y son cálidas. Aparece la actriz por detrás del mostrador dando un pequeño salto y se apaga la música).

(Susto en el público y susto en la actriz).

¡Uhh, qué susto! Pues haber elegido muerte.

(Hace sonar, con su mano derecha, la campanita que tiene sobre el mostrador. A partir de ahora, cada vez que haya una referencia a la muerte, hará sonar esa campana).

(La actriz se sorprende al ver a una mosca sobrevolando la escenografía. La sigue con la mirada hasta que se posa en el mostrador y, tras enseñar un matamoscas integrado en el vestuario, la mata con un tremendo golpe seco sobre la mesa).

* Puedes escuchar la música a través del QR de la página 104.

¡Uhh, qué muerte! (*Toca la campana*). **Pues que hubiera elegido susto.** (*Tira el cadáver de la mosca al público empujándolo con su dedo índice, como si estuviera haciendo volar a una colilla ya consumida. Se disculpa*).

(*Pregunta al público*):

¿Qué se os ha perdido por aquí?

Aquí sólo recibo lo que se olvida.

Me traen de todo, cosas de lo más curiosas como podéis ver... Si es que al final (*toca la campana*) sí, al final (*vuelve a tocar la campana*) no nos podemos llevar nada, sólo lo vivido, así que empiecen a vivir todo lo que quieren llevarse.

¡¡UUHH!! ¡¡¡Chica!!! ¡¡Qué tensión!! (*Pone una caja de madera sobre el mostrador*). A ver... hoy ha aparecido una caja de cerillas y una trompeta.

(*Se acerca la trompeta a la oreja y la escucha como si fuera una caracola*).

La historia de un circo que desapareció en Lodosa, Navarra, en 1936. Yo lo meto todo en cajas por si alguien viene a reclamarlo (*mete las cerillas y la trompeta en la caja de madera*), y si nadie lo reclama soy yo quien lo rescata del olvido. (*Saca de nuevo las cerillas y la trompeta de la caja de madera, y las apoya en el mostrador*).

Me llamo Olvido, Olvido Flores, ¡encantada!, y hay historias que no salen ni en la tele, ni en los periódicos, ni en la radio y que no se deben olvidar.

(Se apaga la luz de la sala).

Mi padre *(vuelve a tocar la campana)* llevó durante un montón de años una alianza de oro en su mano izquierda *(coge una alianza que está encima del mostrador, la enseña al público mientras también muestra su mano izquierda)*. Mi padre, que tampoco olvidaba, buscó a su abuelo* perdido en 1936 *(con un pequeño truco de magia hace desaparecer la alianza)*. Lo encontraron en una fosa en Monreal, a 13 kilómetros de mi casa. *(Hace aparecer la alianza)*. Lo reconocieron por sus dientes de oro *(se lleva el anillo a la boca para comprobar que es de oro)*. Sí, es el abuelo. Después mi padre fundió esos dientes y los transformó en dos alianzas.

Mi padre *(enseña la mano izquierda y con la mano derecha se pone una alianza)* y mi madre *(enseña la mano derecha y con la izquierda se pone otra alianza)* se dieron el «sí quiero» con los dientes del abuelo *(ambas manos se juntan)*. ¿Se puede transformar el horror en belleza? Mi madre y mi padre lo hicieron. Y de esa belleza nació esta belleza. *(Se señala a sí misma)*.

El día que nací, mi padre nos trajo crisantemos al hospital, la flor de los difuntos *(con la mano izquierda agarra unos crisantemos que están apoyados sobre la balanza y los enseña al público)*, yo no me acuerdo, pero mi madre…, mi madre no lo olvida *(la mano derecha coge enfadada las flores y las apoya con fuerza en el mostrador de la sucursal de objetos olvidados)*.

---

* Más información sobre Esteban Pérez Alegría (páginas 116 a 119).

Dicen que el día que naces te marca para siempre y creo que es verdad, todo encaja. (*Agarra una vela granate de la balanza y la apoya en el mostrador*). Mi cumpleaños (*enciende la vela con las cerillas*) me recuerda que tengo que vivir la vida celebrando la muerte (*toca la campana*). Nacer es un regalo. (*Pregunta al público*). Nacer es un regalo ¿sí o no? (*espera a que le contesten un «sí»*), aunque sea el día de todos los santos (*se coloca un velo negro delante de la cara y vuelve a tocar la campana un montón de veces*). Bueno… ahora Halloween que es más entretenido y te vas de vermú vestida de *murciégala* (*se echa hacia atrás el velo que le cubre la cara y coloca el crisantemo sobre el tocado de la cabeza. Simula el tocado de la Catrina, la muerte mexicana*) y que ya vendrá el tiempo de velarme. (*Coge la vela encendida sobre sus manos, la acerca hacia el público y se canta a ella misma*). Y que cuuuumplas (*repite*) y que cuuuumplas… (*invita al público a que le canten la canción*) muuuchos más (*apaga la vela*). Gracias, ustedes también.

Lo que me voy a llevar, sí, lo vivido, lo guardo aquí. (*Se pone la mano en el pecho mientras se apaga la luz de escena. En oscuro se proyecta sobre el delantal una diapositiva de la actriz, cuando era pequeña en una caravana*). Recuerdo jugar de pequeña en una caravana y no se me ha olvidado, aquí sigo jugando en una caravana* y es lo que me voy a llevar, la caravana no, este ratico con ustedes. Y ustedes también se van a llevar este ratico conmigo.

Tampoco me puedo olvidar de la primera vez que fui al circo, (*cambia la diapositiva y se ve a la actriz disfrazada de payasa*) yo quería ser payasa y aquí sigo. Esto también me lo llevo. Y Juana Mari, la de Lodosa, tampoco se puede

---

* El espectáculo fue creado para hacerlo en una caravana (ver página 112), actualmente también hay una versión para sala (ver página 110).

olvidar de la primera vez que fue al circo. Juana Mari guarda su recuerdo del *Circo Anastasini* aquí *(señala el pecho con la luz del proyector de diapositivas)* y también lo guarda *(la actriz se sienta hasta que la luz del proyector le ilumina sólo la cara y se señala la cabeza)* aquí.

A ver… que sin gafas no veo nada *(busca unas gafas por la escenografía casi a ciegas, las encuentra y se las pone. Cada vez que se vuelva a poner las gafas, se convertirá en Juana Mari)*. Ahora. A ver… yo tenía cuatro años y fue en la Plazuela de Lodosa, en mi pueblo. A 70 kilómetros de tu casa, ¿porque tú vives en Pamplona, verdad? *(Juana Mari asiente con la cabeza)*.

Bueno, bueno, bueno… la llegada del *Circo Anastasini* fue impresionante. Recuerdo que fui con mi hermano mayor. Ocuparon toda la Plazuela. Había un elefante que transportaba un montón de tablones, mucho largos, serían las gradas. Y un montón de gente en carros y carretas. A ver, la llegada fue increíble, pero increíble, es que me acuerdo como si fuera ayer. Guardamos los recuerdos por aquí, *(se toca la cabeza)* que sí, que lo vi en la tele, en un programa de estos de la 2. Eeeh ¿cómo se llama? Ah, espera, que lo grabé. ¿Dónde he dejado el mando? Os lo va a explicar mucho mejor que yo.

(Apaga el proyector de diapositivas. Mientras, va buscando el mando de la tele, lo encuentra. La televisión es uno de los armarios del mostrador con unas puertas correderas que están del lado del público. Se ve a Juana Mari con el reflejo de la tele en su cara, hace zapping por la parte de atrás de la televisión hasta que encuentra el canal. Balbucea mientras cambia de canal).

¡Uuhhhh! Ya lo he encontrado, os lo va a explicar mucho mejor que yo: *(La actriz se agacha y abre las puertas correderas del armario de la televisión. Ahora los espectadores ven la pantalla, en ella está la actriz, es una presentadora de televisión, una científica)* el hipocampo es un pequeño órgano con forma de caballito de mar, *(descuelga un caballito de mar que flota al lado de la presentadora)* localizado en la parte interior del lóbulo temporal, y es en el hipocampo donde almacenamos la memoria a corto y largo plazo, y es en el hipocampo donde he almacenado esta frase para decírosla, *(se ríe ella misma)* y es también en el hipocampo donde Juana Mari almacena su recuerdo del *Circo Anastasini*. Conectamos en directo con el hipocampo de Juana Mari.

(Cambio de luz, la actriz se coloca las gafas de Juana Mari y flotan pompas de jabón dentro de la televisión). Es lo más exótico que he visto en Lodosa en toda mi vida y mira que tengo casi 90 años. Y el elefante... qué exótico. Recuerdo que había un montón de gente. Hablaban en un montón de idiomas y eran de un montón de colores... oye qué divertido, qué exótico.

(Se quita las gafas de Juana Mari y la luz cambia de color, como si hubiera cambiado de canal).

Problemas de memoria, memorial, sólo 20 comprimidos *(agita una caja de medicamentos y suenan los comprimidos).*

(Cambio de color, cambio de canal).

Recordar es fácil para el que tiene memoria. Olvidar es difícil para el que tiene corazón *(frase atribuida al escritor Gabriel García Márquez).*

(Cierra el armario de la televisión con las puertas correderas. Se pone de pie, cambio de luz de escena).

(Coge la bandeja metálica de la báscula, está llena de tierra*, y la apoya en el mostrador).

Mi amigo Eme, el de Larraga, tiene sus manos como rastrillos *(enseña el dorso de sus manos y al doblar los dedos como garras, simulan dos rastrillos)* de tanto buscar en la tierra a los desaparecidos. Eme me dijo, y no lo olvido, que esta tierra *(coge un trozo de tierra compacta y la enseña al público)* es buena para el espárrago, y es verdad, y que en esta misma tierra hay un circo *(deja el trozo de tierra en la bandeja y sigue escarbando)* y también es cierto. En el término de San Gil, *(coge otro trozo mucho más grande de tierra)* entre Larraga y Lerín *(levanta la caja de la máquina de coser y aparecen dos montones de casitas de cerámica que simulan la vista aérea de Larraga y Lerín),* no se hizo justicia y no lo olvido, *(coloca el trozo de tierra entre los dos pueblos)* hay buena tierra para el espárrago, para el pimiento y para el hipocampo.

---

* Esa tierra fue recogida en agosto de 2022 en la exhumación de los cuerpos de la troupe realizada por Aranzadi (puedes ver las fotografías en las páginas 122 a 127).

Mi amigo Eme también dice que, si te acuerdas de alguna persona que ya no está *(vuelve a tocar la campana)*, pues que sigue viva y nunca cae en el olvido, así que mi padre sigue vivo en mí y los del *Circo Anastasini* siguen vivos en Eme, en Juana Mari y en Lodosa.

Y allí ocurrió, en Lodosa, en la Plazuela. *(La actriz manipula las casitas de cerámica y crea una plaza semicircular, simulando la Plazuela de Lodosa).* Una pequeña población navarra de apenas 4000 habitantes. Eran las seis de la tarde del sábado 18 de julio de 1936. Si no sabes qué pasó en el 36, luego lo preguntas. La plaza olía a circo *(la actriz pega en el techo varios lazos blancos y rojos que simulan un circo, cubren toda la Plazuela)* y también olía a la comida preferida de las moscas. ¿Sabéis cuál es la comida preferida de las moscas? *(Pregunta al público, espera a que le respondan «MIERDA»).* Mierda, mucha mierda les desearon esa tarde a los artistas del *Circo Anastasini (cuelga del techo, en la unión de los lazos, un cartel luminoso con banderines donde se puede leer* Circo Anastasini*)* y mierda, mucha mierda había esa tarde en la Plazuela.

(La actriz se vuelve a colocar las gafas y habla como Juana Mari).

Para mierda la del elefante, que bajábamos al huerto para que comiera redondo, melones y sandias y cagaba cuadrado. *(Se quita las gafas).* Aún lo recuerda Juana Mari. Porque... claro... jugar en Lodosa con un elefante, como para olvidarlo. *(Hace sonar la trompeta simulando el barrito de un elefante).*

Un circo, el *Circo Anastasini (enciende el cartel luminoso que cuelga del techo)* que, tras terminar su gira de invierno por el norte de África, subía a la península en busca del buen tiempo, al calorcito. Un circo regentado por un italiano *(simula a la troupe con un montón de cerillas clavadas en un soporte de cristal),* Arístides Anastasini *(saca una cerilla y la clava con el resto de las cerillas).* Una troupe de más de 50 artistas, artistas mundialmente conocidos. También viajaban todas las personas necesarias para que un circo funcione: ayudantes de pista, equipo técnico, limpieza. Era sin duda una familia muy peculiar. Uno de cada madre. *(Coloca la troupe de cerillas en la plazuela).* Después de casi nueve décadas, Juana Mari recuerda que en el circo había... *(se pone las gafas de Juana Mari)* lo del elefante ya te lo he contado, ¿verdad? Perdona, que se me va un poco la cabeza... Bueno, había payasos, malabaristas y ¿trapezoide se dice? Sí, esos que se cuelgan...

(Se quita las gafas. Cambio de luz, la actriz se convierte en locutora de radio).

Mete anuncios, estamos en 5, 4, 3, 2 ...

(La actriz comienza a leer la noticia*).

Radio Lodosa informa: hoy en la Plazuela estará el gran *Circo Anastasini*. Un espectáculo completo y a precios muy económicos.

Figuran en la compañía soberbias atracciones
destacándose los Hermanos Pajares, clowns
musicales, Los Marisan, anillistas artísticos
de fama mundial. Alí, el caballo prodigio; Miss
Victoria, célebre tiradora al blanco; Tom Sidney
y su rancho de cowboys americanos; The Odoni´s,
perchistas sensacionales; Familia Anastasini

---

* Noticias completas de marzo del 1936 encontradas en el archivo de Alicante, en el periódico *El Luchador* (páginas 64-66).

con su mesa diabólica; Seis Breiers, formidables saltadores. Un espectáculo para toda la familia. Los tres caballos árabes presentados por el señor Anastasini; Beby, el caballo porteur y Juanita, la más pequeña jinete del mundo. Allá donde actúan consiguen un éxito franco (hace un gesto con el brazo derecho levantado y totalmente extendido, se da cuenta y dice para ella: ¡Qué premonición!) *por la novedad de sus números sobresaliendo en general* (se pone la mano en la frente como los saludos de los generales y repite para ella… ¡Qué premonición!) *todos los números y final del espectáculo, Guillermo y su compañía de tontos.*

Anuncios.

(Cambio de luz).

¿Ha dicho Guillermo? No me lo puedo creer. *(Saca de la mesa una partida de nacimiento y la lee)*. Guillermo Gutiérrez, artista de circo; Blanca Puig, artista de circo. Ambos fueron padres en Lodosa. Blanca dio a luz a Jaime Eduardo Gutiérrez Puig, un pequeño sietemesino que nació en Lodosa por azar el verano de 1936. Habría que preguntarle a Blanca, su madre, cuál fue el susto que hizo llegar a Jaime a este mundo antes de tiempo. Este documento lo encontré en Lodosa, en el Juzgado de Paz, qué paradoja, es el único documento que acredita que los del *Circo Anastasini* estuvieron en Lodosa y que es cierto lo que recuerda Juana Mari, lo que no olvidan nuestros mayores. *(Esconde la partida de nacimiento*)*.

---

* Partida de nacimiento completa en la página 67.

Y en Lodosa estaba el *Circo Anastasini* dispuesto a hacer su función, y la hicieron.

Pero muchas de las personas que trabajaron esa tarde en Lodosa tenían los minutos contados sólo por sonreírle a la vida en tiempos difíciles.

Algunos ya sabían que el futuro se acababa allí, a esa hora. Otros prefirieron buscar dónde matar el calor de una tarde sangrienta llena de moscas. *(Vuelve a enseñar el matamoscas y con él hace sonar muchas veces la campana)*.

Al llegar la noche *(se apagan las luces de escena y sólo se queda encendido el cartel del* Circo Anastasini*)*, oscura noche de luna nueva, vamos que no había luna, muchos de los artistas y trabajadores del *Circo Anastasini* huyeron de Lodosa ante la amenaza de un tiempo de muerte. Hoy aquí en *(decir el lugar)*, compañeros, camaradas del *Circo Anastasini*, os quiero regalar esta luna llena *(cuelga una luna llena iluminada)* para poder dar luz a esta historia, vuestra historia, nuestra historia.

Como la pólvora *(enciende una cerilla)* corrió la noticia en Lodosa. Pero ¿qué ocurrió? *(Con la cerilla encendida prende al resto de cerillas, mientras se escucha este relato*)*.

«Se subió parriba, se ocultó en un montico mirando cara al norte, y empezaron a oírse disparos y gritos de sollozos, ¿sabes? Cara al otro lado de la carretera y allí los descargaron y los mataron. Cuando uno ve que lo van a matar, pues ya sabes qué gritos tan difíciles».

Qué gritos tan difíciles.

Y en Lodosa se quedó el *Circo Anastasini*, la carpa vacía, los caballos y el elefante, olvidados, abandonados al tiempo, esperando a que este estornudara. (*Vuelve a coger la trompeta y la hace sonar, pero suena desgarradora*).

Alguien espera, desde el otro lado del tiempo, a que la memoria descongele esta página negra, la de un circo que apagó sus luces (*apaga la luz del cartel luminoso*) bailando con la muerte en una noche de luna nueva. (*Quita la luna*).

(*Cambio de luz y sigue narrando mientras modifica la escenografía*).

Pasaron 12 veranos, (*vuelve a colocar el plato con tierra en el peso*) 12 otoños (*descuelga el cartel del circo, como si fuera una hoja perenne cayéndose en otoño*), 12 inviernos (*descuelga los lazos del circo*) y 12 primaveras (*se coloca en la cabeza otros crisantemos*) las mismas que tenía Benito, (*hace sonar la campana*) cuando una tarde de verano iba de ramalero buscando nidos en un yeco recién arado, en el término de San Gil, presenció el final de aquella función. Los encontró. Benito, dinos qué viste con tan sólo 12 años. (*Se escucha un audio original de Benito**).

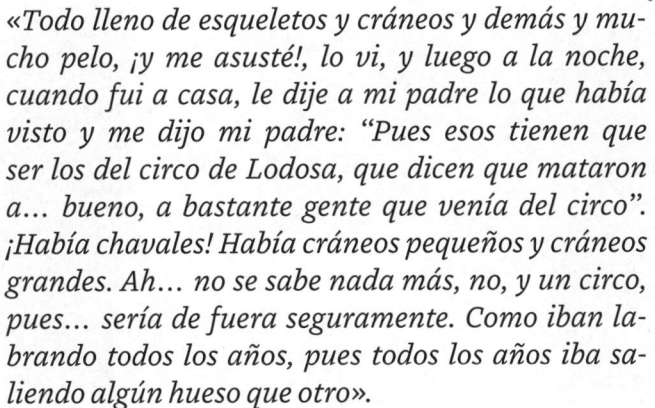

«*Todo lleno de esqueletos y cráneos y demás y mucho pelo, ¡y me asusté!, lo vi, y luego a la noche, cuando fui a casa, le dije a mi padre lo que había visto y me dijo mi padre: "Pues esos tienen que ser los del circo de Lodosa, que dicen que mataron a... bueno, a bastante gente que venía del circo". ¡Había chavales! Había cráneos pequeños y cráneos grandes. Ah... no se sabe nada más, no, y un circo, pues... sería de fuera seguramente. Como iban labrando todos los años, pues todos los años iba saliendo algún hueso que otro*».

---

* Extracto de la serie documental *Amapolas en la memoria* en el capítulo de «El circo de Lodosa» de *Hamaika TB* (QR en la página 128).

Y ahí seguían, en silencio, arropados por el lodo y por un manto infinito de estrellas. Alguien dijo que «eran los del circo»... y todo encaja. *(Mete las cerillas ya quemadas en el cajón de la mesa mientras repite «todo encaja» tres veces, cerrando el cajón con la última repetición).*

Pero no todo se perdió esa noche ¿Os acordáis de Jaime? Sí, el niño que nació por azar en Lodosa. Pues Jaime no fue el único niño. *(Suena el inicio de* Nana para estrellas*. *Va in crescendo mientras enseña una foto de un niño pequeño en un marco dorado).* A Renato Anastasini le tocó todo esto en Lodosa cuando sólo tenía tres años, en 1936. En cuanto pudo huyó a Portugal y cruzó el mar en barco hasta llegar a América. Actualmente Renato, a sus 90 años, regenta la novena generación del *Circo Anastasini* en Florida, a más de 9000 kilómetros de Lodosa. *(Gira el marco y enseña una foto actual de Renato, la coloca en la Plazuela).*

Jaime Eduardo y Renato, el renacido, perdieron un montón de amigos ese verano. Camaradas del *Circo Anastasini*, seguro que aún seguís brillando como estrellas entre las estrellas.

(Canta la nana mientras recompone el circo en la Plazuela: cuelga el cartel y los lazos del circo sobre la Plazuela y pone la trompeta de pie).

Vuela el trovador
ya duerme la comediante,
descansa el domador
de esta función errante.
No, no, no, no tienen cuna
no, no, no, yo os hago una.

(Oscuro. Se enciende un proyector de estrellas y la actriz continúa cantando).

---

* Partitura en las páginas 105-108.

En tierra árida descansan
les arropan las estrellas,
una alegre compañía,
estrellas grandes y pequeñas.
Son juglares titiriteros
y no tienen su lugar,
yo he venido camaradas
para que podáis soñar.

(La actriz aparece de nuevo por el hueco de la televisión siendo
esta la única luz de la sala junto a las estrellas. Dentro de la televisión, con recortes de diferentes personajes, monta una escena que
recuerda a una pista de circo).

Yace el trovador
ya duerme la comediante,
descansa el domador
de esta función errante.

No, no, no, no tienen cuna
no, no, no yo os hago una.
Cerrad los ojos, tranquilos
ahora yo os arroparé,
buenas noches y hasta pronto
que por fin descansaréis.

(Cuando se acaba la música, la actriz mirando al público cierra las puertas correderas de la tele y se levanta con un cambio de luz en la escena. Coge una pitillera llena de balas. Saca una con su mano derecha y pregunta al público).

¿Cuánto vale una vida?

(Tira la bala sobre la balanza, la aguja se mueve. Coge un peine con cinco balas y vuelve a preguntar).

Y, ¿cinco?

(Vuelve a tirarlas sobre la balanza, ahora la aguja se mueve mucho más. Vuelve a preguntar).

Y ¿un montón?

(Arroja sobre la balanza un montón de balas de diferentes tamaños. La aguja del peso vuelve a moverse mucho más que las veces anteriores).

Hay muertos que no buscan a sus asesinos. Ni siquiera se buscan a sí mismos. Sólo quieren saber si queda alguien que les eche en falta porque hay muertos que no son de nadie, y son los más amargos, porque siguen sin morir del todo.

¿Quién se olvida? ¿Quién se acuerda?

Me llamo Olvido, Olvido Flores y ¿a quién se nos olvida llevar flores?

No os olvidéis nada al salir.

(Cierra la pitillera y suena como si cerrase una puerta, desaparece entre la escenografía, luz de sala y vuelve a sonar la música del principio).

Arte y artistas

TEATRO DE VERANO

Mañana miércoles a las seis de la tarde abre sus puertas al público etse espacioso coliseo del Parque de Canalejas, con la presentación de la gran Compañía Circense que dirige el popular Anastasin...

Figuran en la Compañia soberbias atracciones destacándose los Hermanos Pajares, clonws musicales Los Marisan, anillistas artísticos de fama mundial, Alí, e lcaballo prodigio, Miss Victoria, célebre tradora al blanco, Tom Sidney, y su rancho de Cow-Boys americanos. The Odoni's, perchistas sensacionales, Familia Anastasini, con su mesa diabólica, Seis Breiers, formidables saltadores. Los tres caballos árabes, presentados por el señor Anastasini, Beby, caballo porteur, Juanita, la más pequeña jinete del mundo y final del espectáculo Guillermo y su Compañía de tontos.

Un espectáculo completo y a precios económicos.

Después de la primera sección de la seis de la tarde, habrá otra a las diez de la noche.

El Luchador, 3 marzo 1936.

64

Oficinas y Talleres Sagasta, 55
y Cid, 12
Teléfono, 1621, Apartado, 171
ALICANTE
Un mes . . . . . 2'50
Provincial trimestre . . . 8'75
EDICIÓN DE LA NOCHE
(Franqueo concertado)

El Luchador

DIARIO REPUBLICANO FUNDADO POR JUAN BOTELLA PÉREZ EN 1912

24ª Año. Número 8473
Jueves 5 de Marzo 1936
ALICANTE: Estación invernal
superior a todas las del Mediterráneo. Clima incomparable
Temperatura media 17'4

La República ha hecho de España una Nación

Comentario político

DEL MOMENTO

Los periodistas de la Commune

PARIS, 1870

Rochefort

«LA LANTERNA»

Arte y artistas

SALON GRANADOS
LA HORMIGUITA

A los republicanos de izquierda

TEATRO DE VERANO
COMPAÑIA ANASTASINI

Movimiento de aviones
en el Aeródromo del
Altet (Alicante)

LLEGADAS

SALIDAS

Ateneo de Alicante

Lea EL LUCHADOR

Un éxito de Braulio Solsona

VENTANA

AÑOS DE PAZ

HUMOR SUECO

EL PERDIDO

LOS PATRICIAN

ANTROPÓFAGO

TEATRO DE VERANO
COMPAÑIA ANASTASINI

Ayer ha actuado en el Verano la compañía ecuestre de Anastasini, logrando un éxito franco por la novedad de sus números, sobresaliendo los caballos calculistas, la pequeña ginete Antoñita, y, en general todos los números presentados.

Los peques, disfrutaron momentos de íntima, satisfacción, y algunos grandes también, porque siempre estos espectáculos circenses llenan el interés del público.

Los
"Política"
Diario que dirge
Carlos Esplá

Oficinas y Talleres Sagasta, 55 y Cid, 42
Teléfono, 1621. Apartado, 171
ALICANTE

El Luchador

DIARIO REPUBLICANO FUNDADO POR JUAN BOTELLA PEREZ EN 1912

24ª Año. Número 8475
Sábado 7 de Marzo 1936

ALICANTE: Estación invernal superior a todas las del Mediterráneo. Clima incomparable. Temperatura media 17·4

VENTANA

EL MISTERIOSO JAPONES

Gestos y muecas de Madrid

Los responsables de un atentado contra la Constitución

Ayer en el Ayuntamiento

Reunióse la Corporación Municipal en sesion ordinaria

La nueva Gestora provincial visita los establecimientos benéficos

Un médico alicantino en la Facultad de Medicina de Valencia

EL DOCTOR SANCHEZ SAN JULIAN

Arte y artistas

PRINCIPAL

Casa de la Democracia

SAN VICENTE (ALICANTE)
CONVOCATORIA

Ateneo de Alicante

Lea
"Política"
Diario que dirge
Carlos Esplá

Don Emilio Palencia, se jubila hoy

Al maestro de maestros

Medio siglo de servicios a la cultura patria

REMITIDO

TEATRO DE VERANO
COMPAÑIA ANASTASINI

TEATRO DE VERANO
COMPAÑIA ANASTASINI

Sigue actuando, a todo éxito, la compañía de circo de Anastasini, y todas sus actuaciones se cuentan por triunfos y personales éxitos de los artistas que la componen.

El Luchador, 7 marzo 1936.

Nombre y apellidos

Jaime Eduardo Gutierez Puig

En *Lodosa* provincia de *Navarra* a las *diez* del día *veintitrés* de *agosto* de mil novecientos *treinta y seis* ante D. *Cesareo Pérez de Bla* , Juez municipal y D. *Juan Ayesa Salinas* , Secretario , se procede a inscribir el nacimiento de un (1) *Varón* ocurrido *en esta* a las *11,30* del día de *ayer* en la *calle* de *Ancha* número *109* piso *-* ; es hijo de (2) *Guillermo Gutierez Armela, natural de Madrid de 20 años de edad, artista de circo y de Blanca Puig Amasa, natural de San Sebastián, de 19 años de edad y residentes accidentalmente en esta* nieto de (3) *Victoriano Gutierez y Concepción Armela, naturales de Alcobendas y Madrid y de Cipriano Puig, de Francia y Mariana Amasa, de Coimbra (Portugal)* y se le ponen los nombres de (4) *Jaime Eduardo*

Esta inscripción se practica en (5) *a ruego de*

en virtud de (6) *manifestación del padre del inscrito*

y la presencian como testigos D. *Mariano Sanchez* , mayor de edad, *artista* , domiciliado en *calle* de *Sol* número *9* y D. *Francisco Carpió* , mayor de edad, *artista* , domiciliado en *calle* de *Sol* número *9*

Leída esta acta se sella con el de este Juzgado y la firma el señor Juez con los testigos (7) *y se declara* de que certifico.

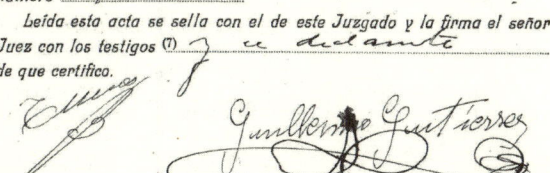

Guillermo Gutierrez

Francisco Carpió   *Mariano Sanchez*

Tomo 39, página 86 vuelta, sección primera del Registro Civil de Lodosa.

67

Partaideen zerrenda

Jatorrizko ideia, sorkuntza eta antzezpena	Estefanía de Paz Asín
Zuzendaritza, gidoia eta dramaturgia	Estefanía de Paz Asín
Argazkiak	Kiko Ortega Lafuente
Musika eta soinu-espazioa	Gorka Pastor Yerro
Eszenografia	Estefanía de Paz Asín
Jantziteria	Edurne Ibáñez Huarte
Makillajea	Arantza Otel Valverde
Argiztapena	Mikel Navascués Allué eta Lívory Bárbez
Bideoa	Jesús Iriarte Salinas
Ekoizpena	Estefanía de Paz Asín, Iraia Sanz Urtasun eta Amaia Gurucelain Villegas
Banaketa	Belén Álvarez «Quiero Teatro»
Zuzendaritza artistikoko laguntzailea	Ariadne Iribarren Irigoyen
Diseinu grafikoa	Minimizán

Olvido Flores

(Hondo-musika entzuten da* ikusleak eserlekuetan esertzen ari diren bitartean. Aktorea ez da ageri, denda txiki bat dirudienaren salmahai atzean ezkutaturik dago. Salmahaiaren gainean, lore granate batzuk eta kandela bat dituen baskula metaliko bat, Singer markako josteko makina baten zurezko estalkia, harrerako txilina, kutxak… Galdutako objektuen sukurtsal bat da, eta hori da eszenografia. Leku iluna, goibela izateko itxura du, intriga sortzen duena. Aretoko eta eszenatokiko argiak sotilki piztuta daude, eta beroak dira. Aktorea salmahai atzetik agertzen da salto batez, eta musika itzaltzen da).

(Sustoa ikusleek eta sustoa aktoreak).

Uhh, hau sustoa! Heriotza aukeratzea zenuten.

(Eskuin eskuaz salmahai gainean duen txilina jotzen du. Hemendik aurrera, heriotza aipatzen duen aldiro joko du).

(Aktorea harritzen da eszenografian zehar euli bat hegaka ikusten duenean. Begiradarekin jarraitzen du salmahai gainean jartzen den arte, eta, jantzi artean gordeta duen euliak hiltzekoa erakutsi ondoren, mahai gainean kolpe lehor handi bat emanez hiltzen du).

Uhh, hau heriotza! *(Txilina jotzen du)*. Bada, sustoa aukeratzea zuen. *(Euliaren gorpua ikusleei botatzen die behatzez bultzatuta, jada kontsumitutako zigarrokina hegaldaka jarriko balu bezala. Barkamena eskatzen du).*

---

* 104. orrialdeko QRaren bidez musika entzun dezakezu.

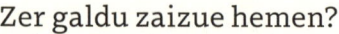

(Ikusleei galdetzen die):

Zer galdu zaizue hemen?

Hemen, ahaztutakoa bakarrik jasotzen dut.

Denetarik ekartzen didate, gauzarik bitxienak, ikus dezakezuen bezala... Azken batean *(txilina jotzen du)*, bai, azkenean *(berriz jotzen du txilina)*, ezin dugu ezer eraman, bizitakoa bakarrik, beraz, hasi bizitzen eraman nahi duzuen guztia.

UUHH!! Aizu!!! Hau tentsioa!! *(Salmahai gainean kutxa bat jartzen du)*. Ea... gaur poxpolo kutxa bat eta tronpeta bat agertu dira.

(Tronpeta belarrira hurbildu eta karakola bat balitz bezala entzuten du).

Zirku baten istorioa, Lodosan, Nafarroan, 1936an desagertutako zirkuarena. Nik kutxetan sartzen dut dena, norbait etorriko balitz ere eskatzera *(poxpoluak eta tronpeta zurezko kutxan sartzen ditu)*, eta inork eskatzen ez baditu, neuk laguntzen diet ahantz ez daitezen. *(Berriz ateratzen ditu poxpoluak eta tronpeta zurezko kutxatik, eta salmahaian paratzen ditu)*.

Olvido dut izena, Olvido Flores, urte askotarako! Badira irratian ateratzen ez diren istorioak, ez telebistan, ez egunkarietan, eta ahaztu behar ez direnak.

(Aretoko argia itzaltzen da).

Gure aitak *(txilina jotzen du)* urtetan eraman zuen urrezko ezkontza eraztun bat ezker eskuan *(salmahai gainean dagoen ezkontza eraztun bat hartu eta ikusleei erakusten dizkie, bai eraztuna, bai ezker eskua)*. Gure aitak, hark ere ez zuen ahazten, 1936an galdutako aitona* bilatu zuen *(magia trikimailu batez ezkontza eraztuna desagerrarazten du)*. Eloko hobi batean aurkitu zuten, nire etxetik 13 kilometrotara. *(Ezkontza eraztuna agerrarazten du)*. Urrezko hortzei esker ezagutu zuten *(eraztuna ahoan sartzen du, urrezkoa dela baieztatzeko)*. Bai, aitona da. Ondoren, aitak hortz horiek moldekatu eta bi ezkontza eraztun egin zituen.

Aitak *(ezker eskua erakutsi eta eskuin eskuaz eraztuna jarri dio)* eta amak *(eskuin eskua erakutsi eta ezker eskuaz eraztuna jarri dio)* aitonaren hortzekin esan zioten «bai» elkarri. *(Eskuak elkartu ditu)*. Izugarrikeria edertasun bihur daiteke? Gurasoek egin zuten. Eta edertasun hartatik edertasun hau jaio zen. *(Bere burua seinalatzen du)*.

Jaio nintzen egunean, aitak urreliliak ekarri zizkigun ospitalera, hildakoen loreak *(ezker eskuaz balantza gainean dauden urreliliak hartu eta ikusleei erakusten dizkie)*, ni ez naiz oroitzen, baina amak... amak ez du ahazten *(eskuin eskuaz loreak haserre hartu eta indarrez uzten ditu galdutako objektuen sukurtsaleko salmahai gainean)*.

---

* Esteban Pérez Alegriari buruzko informazio gehiago 116-119. orrialdeetan.

Jaiotza egunak betiko markatzen omen gaitu, eta uste dut egia dela, guztia bat dator. *(Balantzatik kandela granatea hartu eta salmahaian paratzen du)*. Nire urtebetetzeak *(poxpoluekin kandela pizten du)* gogorarazten dit bizitza heriotza ospatuz bizi behar dudala *(txilina jotzen du)*. Jaiotzea oparia da. *(Ikusleei galdetzen die)*. Jaiotzea oparia da, bai ala ez? *(Baietz erantzun diezaioten itxoiten du)*. Santu guztien eguna izan arren, *(aurpegian belo beltza jantzi eta txilina zenbait aldiz jotzen du)*. Tira... orain Halloween, dibertigarriagoa baita eta bermuta hartzera joan zaitezke *saguxardotore* jantzita *(atzerantz botatzen du aurpegia estaltzen dion beloa eta urrelilia burukoan jartzen du. Catrinaren, alegia, mexikar heriotzaren orrazkera irudikatzen du)*, eta iritsiko da garaia gaubeila egin diezadaten. *(Piztutako kandela eskuetan hartu, ikusleengana hurbildu eta bere buruari abesten hasten da)*. Zorionak zuri *(errepikatuz)* zorionak zuri... *(ikusleak kantatzera gonbidatuz)* zorionak, Olvido, zorionak beti *(kandela itzaltzen du)*. Eskerrik asko, baita zuei ere.

Eramango dudana, bizitakoa, bai, hemen gordetzen dut. *(Eskua bularrean jartzen du eszenatokiko argia itzali bitartean. Ilunetan, mantalean, aktorearen txikitako diapositiba bat proiektatzen da, karabana batean dago)*. Oroitzen dut txikitan karabana batean jolasten nintzela, eta ez zait ahaztu, hemen jarraitzen dut, karabana batean jolasten* eta hori eramango dut, karabana ez, tartetxo hau zuekin. Eta zuek ere hori eramango duzue, tartetxo hau nirekin.

Zirkura joan nintzen lehen aldia ere ezin dut ahaztu, *(diapositiba aldatu eta aktorea pailazo jantzita agertzen da)* nik pailazoa izan nahi nuen, eta hemen jarraitzen dut. Hori

---

* Ikuskizuna karabana batean egiteko sortu zen (112. orrialdea ikusi); gaur egun, aretorako bertsioa ere badago (110. orrialdea ikusi).

ere eramango dut. Eta Juana Marik ere, Lodosakoak, ezin du ahaztu zirkura joan zen lehen aldia. Juana Marik *Anastasini Zirkua*ren oroitzapena hemen gordetzen du (*bularra seinalatzen du diapositibak proiektatzeko argiarekin*) eta (*aktorea esertzen da proiektorearen argiak aurpegia bakarrik argitzen dion arte, eta burua seinalatzen du*) hemen ere gordetzen du.

Ea... betaurrekorik gabe ezin dut deus ikusi (*eszenografian zehar, itsumustuan, betaurrekoak bilatu, aurkitu eta janzten ditu. Betaurrekoak janzten dituen aldiro, Juana Mari bihurtzen da*). Orain bai. Ea... nik lau urte nituen, eta Lodosako, nire herriko Plazatxoan izan zen. Zure etxetik 70 kilometrotara, zu Iruñean bizi baitzara, ezta? (*Juana Marik baietz dio buruaz*).

Beno, beno, beno... *Anastasini Zirkua* iritsi zenean, sekulakoa izan zen. Oroitzen dut anaia zaharrarekin

76

joan nintzela. Plazatxo guztia hartu zuten. Elefante bat zegoen, oholtzar pila bat garraiatzen zituena, oholtzar luze-luzeak, harmailak izango ziren. Eta jende pila bat, gurdi eta orgetan. Ea, iritsiera itzela izan zen, are itzelagoa, atzo balitz bezala oroitzen dut. Hemen nonbait gordetzen ditugu oroitzapenak *(burua ukitzen du)*, baietz, telebistan ikusi nuen, 2. kateko programa horietako batean. Eeeh, nola du izena? A, itxoin, grabatu egin nuen eta. Non utzi dut agintea? Nik baino askoz hobeki azalduko dizue.

(Diapositiba proiektorea itzaltzen du. Bitartean, telebistako agintearen bila ibili eta aurkitzen du. Telebista salmahaiko armairu bat da, ikusleen aldera ematen duten ate irristatzaile batzuk dituena. Juana Mari ageri da, telebistaren isla aurpegian duela, telebistaren atzealdetik zapping egiten du kanala aurkitu arte. Kanala aurkitu bitartean zezelka ari da).

¡Uuhhhh! Aurkitu dut, nik baino askoz hobeki azalduko dizue: *(Aktorea makurtu eta telebistako armairuko ate irristatzaileak irekitzen ditu. Ikusleek, orain, pantaila ikus dezakete; bertan, aktorea ageri da, telebistako aurkezlea da, zientifikoa)* Hipokanpoa itsas zaldi itxura duen organo txikia da *(aurkezlearen ondoan airean igeri dagoen itsas zaldia kentzen du)*, lobulu tenporalaren barneko aldean dago, eta bertan pilatzen dugu iraupen laburreko eta luzeko oroimena; eta hipokanpoan gorde dut esaldi hau zuei esateko *(barre egiten du)*, eta hipokanpoan, halaber, gorde du Juana Marik *Anastasini Zirkua*ren oroitzapena. Zuzeneko konexioa dugu Juana Mariren hipokanpoarekin.

(Argia aldatzen da, aktoreak Juana Mariren betaurrekoak janzten ditu, eta telebista barruan xaboi ponpak ageri dira igerian). Lodosan inoiz ikusi dudan exotikoena da, eta hori ia 90 urte izanda. Eta elefantea... zein exotikoa! Oroitzen dut jendetza zegoela. Hainbat hizkuntzatan mintzo ziren eta hainbat koloretakoak ziren... Aizu, zein dibertigarria, zein exotikoa!

(Juana Mariren betaurrekoak kendu eta argiaren kolorea aldatzen da, kanala aldatu balu bezala).

Oroimen arazoak, memorial, 20 konprimitu bakarrik *(botika kutxa bat astindu eta konprimituen hotsa entzutzen da).*

(Kolore aldaketa, kanal aldaketa).

Oroitzea erraza da oroimena duenarentzat. Ahaztea zaila da bihotza duenarentzat. *(Gabriel García Márquez idazleari egotzitako esaldia).*

(Telebistako armairuko ate irristatzaileak ixten ditu. Zutik jartzen da, eszenatokiko argia aldatzen da).

(Baskulako erretilu metalikoa hartzen du, lurrez* beteta dago, eta salmahaian paratzen du).

Nire lagun Emek, Larragakoak, arrasteluak bezalakoak ditu eskuak *(esku gainak erakusten ditu eta, hatzak erpeak balira bezala tolestean, bi arrastelu irudikatzen dituzte),* hainbestetan bilatzeagatik desagertuak lurrean. Emek esan zidan, eta ez zait ahazten, lur hau *(lur trinko multzo bat hartu eta ikusleei erakusten die)* zainzurietarako ona dela, eta egia da, eta lur honetan bertan zirku bat dagoela *(lur multzoa erretiluan utzi eta aztarrika jarraitzen du)* eta hori ere

---

* Lur hori 2022ko abuztuan jaso zuten, Aranzadik troupeko gorpuak hobitik atera zituenean (argazkiak 122-127 orrialdeetan ikus ditzakezu).

egia da. San Gil dermioan *(lur multzo handiago bat hartu du)*, Larraga eta Lerin artean *(josteko makinaren estalkia altxatzean, Larraga eta Leringo airetiko ikuspegia irudikatzen duten zeramikazko etxetxoen bi multzo ageri dira)*, ez zen justiziarik egin, eta ez zait ahazten *(lur zatia bi herrien artean jarri du)*, zainzuri eta piperretarako lur ona dago, baita hipokanpoarentzat ere.

Nire lagun Emek dio, gainera, jada ez dagoen pertsona batekin oroitzen bazara *(txilina jotzen du)*, bizirik jarraitzen duela eta inoiz ez dela ahazten, beraz, aitak bizirik dirau nigan eta *Anastasini zirku*koek Emerengan, Juana Marirengan eta Lodosan.

Han gertatu zen, Lodosan, Plazatxoan. *(Aktoreak zeramikazko etxetxoak mugituz zirkuluerdi formako plaza sortzen du, Lodosako plazatxoa irudikatzen duena)*. Nafarroako herri bat, ozta-ozta 4000 biztanlekoa. 1936ko uztailaren 18ko arratsaldeko seiak ziren. 36an zer gertatu zen ez badakizu, gero galdetuko duzu. Plazan zirku usaina zegoen *(aktoreak begizta zuri eta gorri batzuk iltzatzen ditu sabaian zirkua irudikatzeko; plazatxo osoa estaltzen dute)* eta eulien janari gogokoenaren usaina ere bazegoen. Badakizue zein den eulien janaririk gogokoena? *(Ikusleei galdetu eta «KAKA» erantzun arte itxoiten du)*. Kaka, kaka putza opa zieten arratsalde hartan *Anastasini zirku*ko artistei *(sabaian, begizten loturan, kartel argitsu banderatxodun bat zintzilik; bertan* Anastasini Zirkua *irakur daiteke)* eta kaka, kaka piloa zegoen arratsalde hartan plazatxoan.

(Aktoreak berriz jartzen ditu betaurrekoak eta Juana Mari bezala mintzo da).

Kaka elefantearena, baratzera jeisten ginen borobil jan zezan, meloiak eta angurriak, eta lauki egiten zuen kaka. *(Betaurrekoak kentzen ditu)*. Juana Marik oraindik oroitzen du. Izan ere... noski... Lodosan elefante batekin jolastea, ahazteko moduan! (*Tronpeta jotzen du elefantearen orroa irudikatzeko*).

Zirku bat, *Anastasini Zirkua* (*sabaitik zintzilik dagoen kartel argitsua pizten du*), Afrika iparraldean bira egin ondoren, Iberiar penintsulara igotzen zen eguraldi onaren bila, beroaren bila. Italiar batek gobernatzen zuen zirkua (*troupea irudikatzen du kristalezko euskarri batean poxpoluak iltzatuz*), Arístides Anastasinik (*poxpolu bat atera eta gainerakoen ondoan iltzatzen du*). 50 artista baino gehiagoko *troupe* bat, mundu osoan ezaguna. Haiekin batera, zirku batek funtziona dezan beharrezkoak diren pertsona guztiak bidaiatzen ziren: pista laguntzaileak, talde teknikoa, garbitzaileak... Zalantzarik gabe, oso familia bitxia zen. Nor bere amarena. (*Poxpoluen troupea plazatxoan kokatzen du*). Ia bederatzi hamarkadaren ondoren, Juana Mari oroitzen da zirkuan bazirela... (*Juana Mariren betaurrekoak jantzita*), elefantearena jada kontatu dut, ezta? Barkatu, batzuetan burua joaten zait... Beno, bazirela pailazoak, malabaristak, eta trapezoide esaten da? Bai, zintzilikatzen diren horiek...

(*Betaurrekoak kentzen ditu. Argia aldatzen da, aktorea irrati esataria bihurtu da*).

Iragarkiak, bagoaz, 5, 4, 3, 2 ...

(*Aktorea albistea irakurtzen hasten da**).

Lodosa irratiak jakinarazten du: gaur Plazatxoan *Anastasini zirku* handia izango da. Ikuskizun betea eta prezio merkea.

---

* Alicanteko artxiboan aurkitu ziren *El Luchador* egunkariko 1936ko martxoko albisteak osorik 64-66 orrialdeetan.

*Konpainian ikuskizun ederrak daude, haien
artean nabarmen: Pajares anaiak, klown
musikariak; Marisandarrak, eraztunlari artistiko
mundu osoan ospetsuak. Alí, zaldi miragarria;
Miss Victoria, itu-tiratzaile famatua; Tom Sidney
eta beraren amerikar cowboyen etxaldea; The
Odoni´s, pertxa-orekari apartak; Anastasini
familiaren deabruzko mahaia; Seis Breiers,
jauzilari bikainak. Familia guztiarendako
ikuskizuna. Anastasini jaunak aurkeztutako
hiru zaldi arabiarrak; Beby, porteur zaldia
eta Juanita, munduko zaldizkorik txikiena.
Emanaldia non, han arrakasta franko* (eskuin
besoa altxatu eta luzatuz keinua egin, ohartu eta bere
kolkorako esaten du: hau aieru txarra!), **ikuskizunen
berritasunagatik, eta horien artean nagusi** (eskua
kopetan jarri du, militar nagusiei egiten zaizkien
agurren antzera, eta berriz dio… hau aieru txarra!),
*Guillermo eta haren tuntun konpainiaren
emanaldia eta bukaera.*

Iragarkiak.

(Argia aldatu da).

Guillermo esan du? Ezin dut sinetsi. *(Mahaitik jaiotze agiri bat atera eta irakurtzen du)*. Guillermo Gutiérrez, zirkuko artista; Blanca Puig, zirkuko artista. Guraso izan ziren Lodosan. Jaime Eduardo Gutiérrez Puigez erditu zen Blanca, 1936ko udan Lodosan ausaz jaio zen zazpiki txiki batez. Blancari, amari, galdetu beharko genioke zer sustok ekarri zuen Jaime mundu honetara behar zuen garaia baino lehenago. Dokumentu hau Lodosan aurkitu nuen, Bake epaitegian, zer paradoxa, dokumentu bakarra da egiaztatzen duena *Anastasini Zirkua* Lodosan izan zela eta egia dela Juana Marik oroitzen duena, gure zaharrek ahazten ez dutena *(jaiotze agiria gordetzen du*)*.

Eta hor zen Lodosan *Anastasini Zirkua*, ikuskizuna emateko prest, eta eman egin zuten.

Baina arratsalde hartan Lodosan lan egin zuten askorenak egingo zuen, garai zailetan bizitzari irribarre egiteagatik.

Batzuek bazekiten etorkizuna han bukatuko zela, ordu hartan. Beste batzuek nahiago izan zuten euliz betetako arratsalde odoltsu hartako beroa non eman bilatu. *(Euliak hiltzekoa erakutsi eta txilina hainbat aldiz jotzen du harekin)*.

Gaua iritsi zenean *(eszenatokiko argiak itzaltzen dira eta Anastasini Zirkua karteleko argia baino ez dago piztuta)*, ilberri gau iluna, tira, ilargirik ez zegoen, *Anastasini zirkuko* artista eta langile askok Lodosatik ihes egin zuten heriotz aldiaren mehatxupean. Gaur, hemen *(Tokia aipatu)*, lagunak, *Anastasini zirkuko* adiskideak, ilbetea oparitu nahi dizuet *(argiztatutako ilbetea zintzilikatzen du)* argitara ateratzeko istorio hau, zuen istorioa, gure istorioa.

---

* Jaiotza-agiri osoa 67. orrialdean.

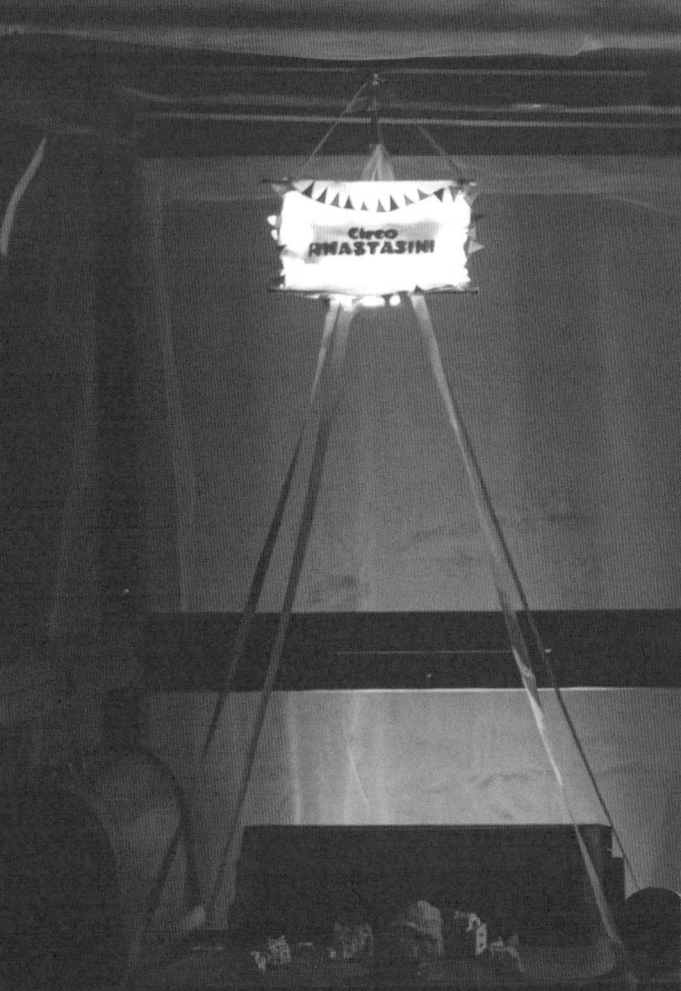

Bala-bala zabaldu zen *(poxpolu bat piztu du)* albistea Lodosan zehar. Baina zer gertatu zen? *(Piztutako poxpoluarekin pizten ditu gainerako poxpoluak, ondoko kontakizuna entzuten den bitartean*).*

 «Goraka joan zen, iparralderantz jotzen duen mendixka batean ezkutatu zen, eta tiroak eta negar-zotinak entzuten hasi zen, badakizu? Errepidearen beste aldean, eta han deskargatu eta akabatu zituzten. Akabatuko zaituztela ikusten duzunean, badakizu, bai garrasi zailak».

Bai garrasi zailak.

Eta *Anastasini Zirkua* Lodosan gelditu zen, karpa hutsik, zaldiak eta elefantea ahaztuta, denborari utziak, dominstiku egin zezan zain. *(Tronpeta berriz hartu eta jotzen du, baina soinu lazgarria du).*

Denboraren beste aldean, norbait zain dago oroimenak orrialde beltz hori urtu dezan, argiak itzali *(kartel argitsuaren argia itzaltzen du)* behar izan zituen zirkuarena, heriotzarekin dantzan ilberri gau batez *(ilargia kentzen du).*

(Argia aldatzen da, eta, eszenografia aldatu bitartean, kontatzen jarraitzen du).

12 uda pasatu ziren, *(lurrez betetako platera balantzan jartzen du berriz)* 12 udazken *(zirkuaren kartela kentzen du, udazkenean erortzen den hostoa balitz bezala),* 12 negu *(zirkuaren begiztak kentzen ditu)* eta 12 udaberri *(urrelili batzuk jartzen ditu buruan),* Benitok adina *(txilina jotzen du).* Udako arratsalde batez, San Gil dermioan, mandazain zebilela lur goldatu berri batean habiak bilatzen, ikuskizun haren bukaera ikusi zuen. Aurkitu zituen. Benito, esaguzu zer ikusi

88

zenuen 12 urte baino ez zenituela. (*Benitoren jatorrizko audioa entzuten da**).

«*Eskeleto, garezur eta abarrez beterik zegoen eta ile pila bat, eta izutu egin nintzen! Ikusi nuen, eta, gero, gauean, etxera joan nintzenean, aitari kontatu nion zer ikusi nuen eta aitak esan zidan: "Ba, Lodosako zirkukoak izango dira horiek, esaten dute akabatu zutela… beno, zirkutik zetorren jende nahiko". Neskato-mutikoak zeuden! Garezur txiki eta handiak zeuden. Ah… ez dakigu ezer gehiago, ez, eta zirku bat, ba… ziurrenik kanpokoa izango zen. Urtero goldatzen zutenez, urtero ateratzen zen hezur bat edo beste*».

Eta hor jarraitzen zuten, isilik, lokatzak eta izar sabai infinitu batek babestuta. Norbaitek «zirkukoak» zirela esan zuen… eta guztiak bat egiten du. (*Jada erretako poxpoluak tiraderan sartzen hasten da hiru aldiz «guztiak bat egiten du» errepikatu bitartean, eta, azken errepikapenean, tiradera ixten du*).

Baina gau hartan ez zen dena galdu, Jaime gogoan duzue? Bai, Lodosan zoriz jaio zen umea. Bada, Jaime ez zen ume bakarra izan. (Izarrentzako sehaska kanta** *ren hasiera entzuten da. In crescendo doa ume baten argazki urre kolorez laukiztatua erakusten duen bitartean*). **Renato**

---

* Hamaika telebistako *Hezurren memoria* telesail dokumentaleko *Lodosako zirkua* ataletik ateratako pasartea (dokumentala ikusteko 128. orrialdeko QRa erabili).

** Partitura 105-108 orrialdeetan.

89

Anastasiniri hori guztia tokatu zitzaion Lodosan, hiru urte baino ez zituela, 1936an. Ahal izan zuen bezain pronto, Portugalera ihes egin eta itsasoa zeharkatu zuen Amerikaraino. Gaur egun, Renatok, 90 urterekin, *Anastasini Zirkuaren* bederatzigarren belaunaldia gobernatzen du Floridan, Lodosatik 9000 kilometro baino gehiagotara. *(Markoa biratuz Renatoren gaur egungo argazkia erakutsi eta Plazatxoan kokatzen du).*

Jaime Eduardok eta Renatok, birjaioak, lagun pila bat galdu zituzten uda hartan. *Anastasini zirku*ko kideak, ziur dir-dir egiten ari zaretela oraindik, izarrak bezala izarren artean.

(Sehaska kanta abestu bitartean, Plazatxoan zirkua berreraikitzen du: kartela eta zirkuko begiztak Plazatxoaren gainean zintzilikatzen ditu eta tronpeta zutik jartzen du).

Hegan koblaria
komediantea lotan
lasai da hezlea
funtzio alderrai hon(e)tan.
Ez, ez, ez, ez dute sehaskarik
ez, ez, ez, bat e(g)inen diet nik.

(Ilun dago. Izarrak proiektatzekoa pizten da eta aktoreak abesten jarraitzen du).

Lur idorrean dautza
babesa dira izarrak,
lagunarte alaia dira,
izar handi eta txikiak.
Juglare titiritero
lekurik ere ez dute

hemen nauzue, lagunok
amets egin (e)zazue.

(Aktorea telebistako hutsunetik agertzen da berriz, hori da, izarrekin batera, aretoko argi bakarra. Telebistaren barruan, zirkuko zenbait pertsonaiaren ebakinekin, zirku pista dirudiena sortzen du).

Etzanik koblaria
komediantea lotan
lasai da hezlea
funtzio alderrai hon(e)tan.
Ez, ez, ez, ez dute sehaskarik
ez, ez, ez, bat e(g)inen diet nik.
Itxi begiak lasai
nik zainduko zaituztet
gabon izan, laster arte
azkenean atseden.

(Musika bukatutakoan, aktorea, ikusleei begira, telebistako ate irristatzaileak itxi eta, argia aldatzen delarik, altxatzen da. Balaz betetako zigarreta-kutxatila hartzen du. Eskuin eskuaz bat atera eta ikusleei galdetzen die).

Zenbat balio du bizitza batek?

(Bala balantzaren gainera botatzen du, orratza mugitzen da. Bost baladun orrazia hartu eta berriz galdetzen du).

Eta bostek?

(Berriz balantza gainera botatzen ditu, eta orratza askoz gehiago mugitzen da. Berriz galdetzen du).

Eta pila batek?

(Balantza gainera botatzen ditu hainbat neurritako bala pila bat. Balantzako orratza aurrekoetan baino askoz gehiago mugitzen da).

Hildako batzuek ez dituzte haien hiltzaileak bilatzen. Ez dute euren burua ere bilatzen. Norbaitek haien falta sumatzen ote duen baino ez dute jakin nahi, hildako batzuk ez baitira inorenak, eta garratzenak dira, guztiz hil gabe jarraitzen dutelako.

Nork ahazten du? Nork oroitzen du?

Olvido naiz, Olvido Flores. Norentzako loreak ahazten zaizkigu?

Ez ahaztu ezer ateratakoan.

(Zigarreta-kutxatila ixterakoan, atea itxi balu bezala entzuten da; eszenografia artean desagertzen denean, aretoko argia piztu eta hasierako musika berriz ere entzuten da.).

amaiera

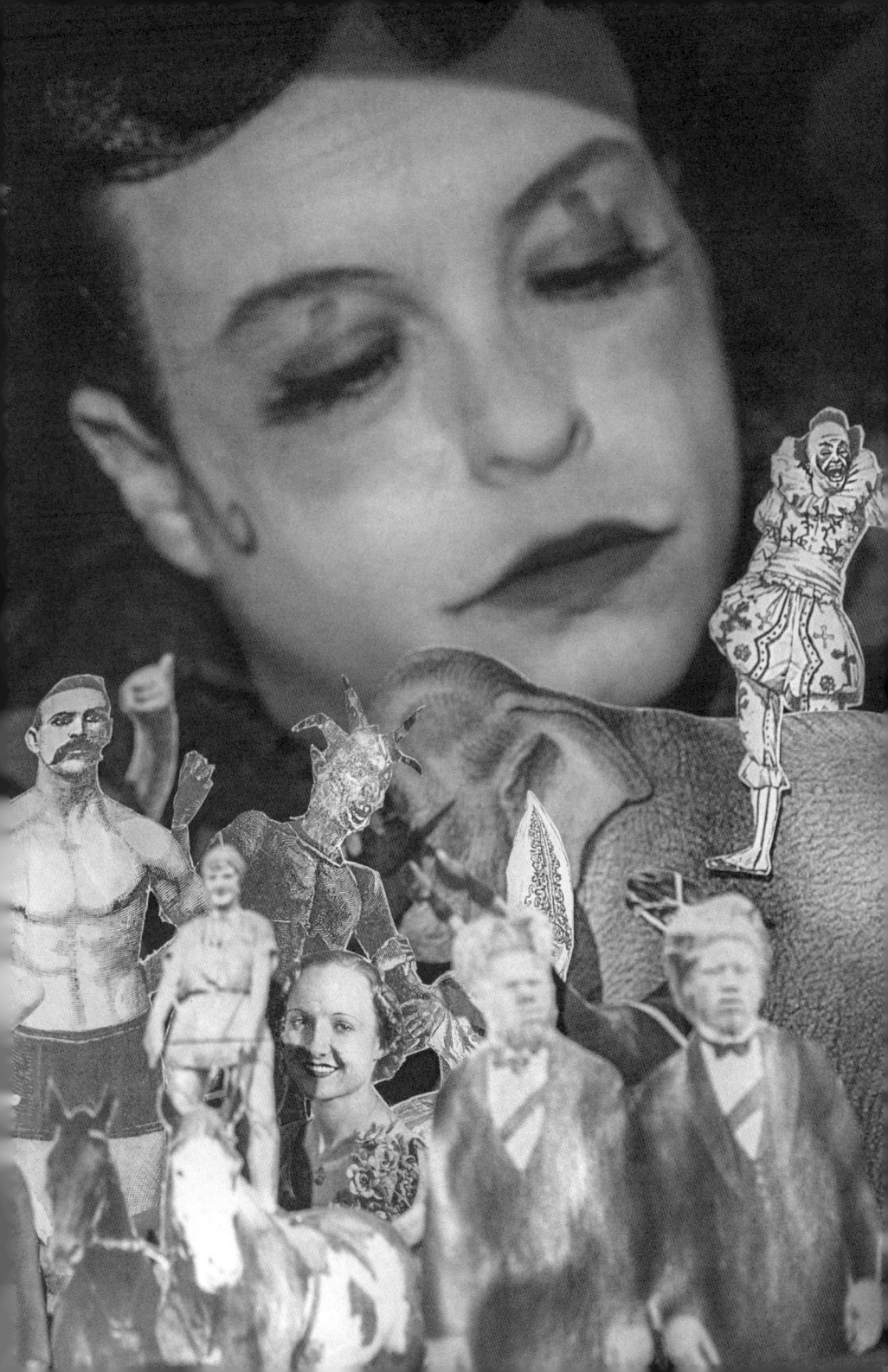

El equipo

EDURNE IBÁÑEZ HUARTE

Vestuario

Vestir el olvido

«Mi idea del personaje era una mezcla entre plañidera, catrina mexicana y cara blanca», recuerda Tefi de Paz ante la mirada azulada de Edurne Ibáñez, diseñadora de moda y vestuario escénico, responsable de los ropajes de la obra. A partir de esta ocurrencia, y del feliz encuentro entre estas dos mujeres, nacería Olvido Flores. «En realidad el vestuario no es lo importante, bueno, a ver, sí, pero sobre todo trabajar la caracterización y la altura, toda la parte de la cabeza», comenta Edurne, que además es muy fan de emplear materiales reciclados. De hecho, el traje es una composición de elementos resucitados y, sobre todo, bien pensados.

Y es que no hay nada puesto al azar. Cada pieza es un hilo invisible que conecta con la tragedia del *Circo Anastasini*, y por resonancia con las de miles de familias que vivieron la guerra civil española. El tul y los negros de la típica estética viuda, flores de tela «tan de cementerio», bordados con cuerda de cáñamo, en alusión a ese mundo rural, e incluso una insignia militar. «Es una mezcla de tradición fusionada con materiales más cañeros. El reto es buscar que la estética empaste bien», indica Edurne.

«Cogió el concepto enseguida: los recuerdos, el olvido, lo militar, lo nómada con el material de rueda de bici... Las moscas, por ejemplo, están muy presentes en el espectáculo y las transparencias aluden a sus alas», revela la actriz. El traje diseñado por Edurne es un universo con infinitas capas. El público quizá no se da cuenta, pero ese laberinto de texturas, elementos ocultos, correas y engranajes, tonos negros y marrones superpuestos impactan con fuerza en la retina y en la memoria colectiva.

Olvido Flores también transmite el frío y la grisura invernal de esos pueblos silenciados. Para llenar de sentido lo aparente, Edurne pensaba en esta figura como en una abuela de las de antes, de esas que se arremangaban y hacían de todo para sobrevivir. De ahí ese arnés de cazar conejos que quizá al mismo tiempo tiene un aire de soldado. Y luego un delantal, con aspecto de tapete de casa antigua, y que encima se utiliza a modo de pantalla cuando se proyectan imágenes de archivo. Un vestido infinito.

«Cuando te encargan un vestuario es muy importante el primer encuentro con la persona porque, como es una cuestión de energía, ya sabes cómo va a ir todo», remacha la diseñadora que tardó unos cuatro meses en completar el traje, aunque después siguió evolucionando. «Me gusta mucho de Tefi que se le va la olla, mola mucho. Va sumando, sumando, sumando... A veces dices, bueno, relax. Sin embargo, luego sabes que lo va a defender y eso es muy potente».

Fotografía de Toni Sasal

GORKA PASTOR YERRO

Música

Tanto si has acudido al teatro para ver la obra como si estás leyendo esta parte del libro, debes saber que la música que conmueve el corazón, cuando el público está atrapado por la voz de Tefi y la historia de los Anastasini, es de Gorka Pastor. Es la tercera vez que este pianista, compositor y arreglista pamplonés colabora con Tefi de Paz para crear un ambiente sonoro en una historia.

Música en Spotify

Nana para estrellas

Estefanía de Paz Asín

Gorka Pastor

Verso uno

En tie-rra á - ri - da des - can - san a - rro-
pa - dos por es - tre-llas una a-le - gre com-pa - ñí - a es - tre-llas gran - des y pe-
que - ñas. Son ju-gla-res ti-ti - ri - te - ros, que no tie - nen su lu - gar, yo he ve-
ni - do com-pa - ñe - ros pa - ra que po - dáis so - ñar.

105

4

ESTEFANÍA DE PAZ ASÍN · LÍVORY BÁRBEZ

Escenografía

Fotografía de Diana Murguía Monsalvo

KIKO ORTEGA LAFUENTE

Fotografía

Es el encargado de congelar la magia del instante. Este pamplonés tira de su dilatada experiencia, de su sensibilidad, su mirada y, sobre todo, su implicación, para captar cada detalle y reflejar en este libro la esencia de una historia que la gente necesitaba conocer. Suyas son las fotos de toda la obra y de momentos imborrables y tan especiales como la visita de los hermanos Anastasini o el pase privado de *Olvido Flores* en el local de Pamplona.

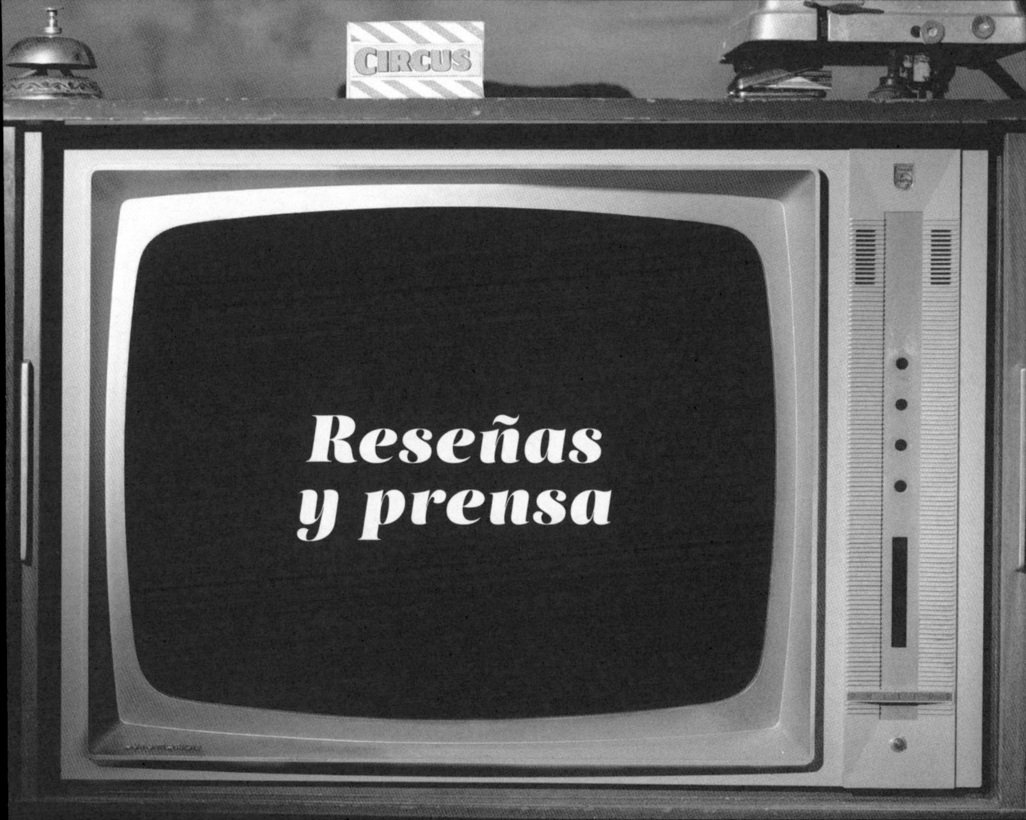

Reseñas y prensa

laxarxa
comunicació local

rtve
play

Diario de
Noticias

recomana

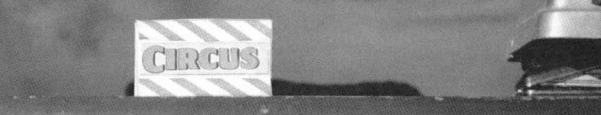

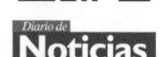

20-10-36

Querida Julia: Esta noche hemos recibido la orden de ser trasladados de esta Prisión cincuenta y dos presos. Como no sabemos si vamos a Pamplona o a San Sebastián de uno de dichos puntos recibirás mis noticias tan pronto nos autoricen a escribir o telegrafiar.

Última carta escrita por Esteban Pérez Alegría antes de ser fusilado en Monreal.

Dejo aqui colchon, una
manta y otras cosas.
Mas que nunca es
ahora cuando te reco—
miendo calma, fé
en el porvenir y vues-
tra tranquilidad! Yo
la tengo absoluta.
Cuidaros todos mu—
cho mientras recibis
mis noticias.
Abrazos a todos y espe—
cialmente para Mari
Jesus y para ti de tu

Esteban

MINISTERIO DE AGRICULTURA

DIR   ÍA

(Firma del interesado.)

(Sello de la Asociación
Provincial Veterinaria.)

Núm. 53

D. *Esteban Pérez*
titular de esta cartera, desempeña el
cargo de Inspector Veterinario Municipal de *Tafalla* de
esta provincia, para el que fué nom-
brado en *1 Octubre 1915*

El Gobernador,

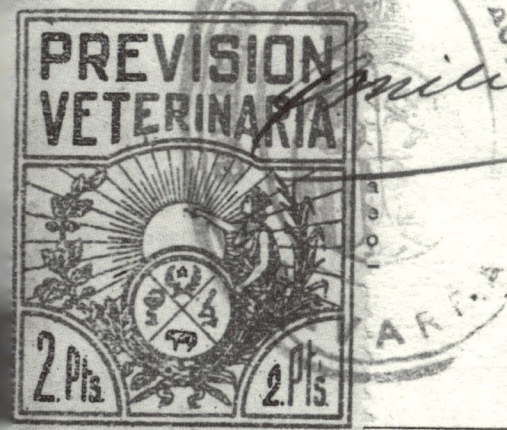

Los agentes de la autoridad auxiliarán al
titular de esta cartera en el cumplimiento de su
misión, con el reconocimiento de la autoridad
sanitaria que representa.

(R. O. 13 de septiembre de 1928.)

Más información
sobre Esteban
Pérez Alegría

PARTE II

Del recuerdo al olvido

Polifonía por la memoria de un circo masacrado

Fotografías de Estefanía de Paz Asín

Los huesos al aire

Los mimbres de *Olvido Flores* están trenzados con las historias de los desaparecidos en la guerra civil española. Gente con conciencia como Eme Nieto, Javier Ayape o la historiadora María José Sagasti, entre otros, han tratado de que su recuerdo no quedara sepultado para siempre. No se puede entender esta obra sin aludir a esa labor contra el paso del tiempo. Una carrera contrarreloj donde la memoria de personas mayores como Ana Mari ha sido el hilo del que tirar para reconstruir la verdad.*

Una tarea que remueve y conmueve cuando quedan al descubierto los huesos de quienes fueron asesinados. La autora de este libro se arremangó y cogió una azada para ayudar y ser testigo de este trabajo contra la desmemoria. «En marzo asistí a una exhumación

---

* Se puede acceder a los vídeos para ampliar esta información a través de los QR de la página 128.

A LA MEMORIA

LUQUIN JUANIZ LORENZO   30 AÑOS
MACAYA ANDIA RUFINO   36 AÑOS
MACAYA RODRIGUEZ VICTORIO   33 AÑOS
MORALES ALBA GREGORIO   57 AÑOS
MORALES ACEBEDO FELIX 26 AÑOS
MORALES ALBA SEBASTIAN   45 AÑOS
MUNARRIZ SUESCUN JOSE   24 AÑOS
NIETO SUESCUN JESUS   20 AÑOS
OCHOA HIERRO AMADO   34 AÑOS
RODRIGUEZ RODRIGUEZ FRANCISCO   25 AÑOS
RODRIGUEZ SUESCUN BABIL   40 AÑOS
RODRIGUEZ REYTA ANDRES   24 AÑOS
SOTES SADA FELIX   43 AÑOS
OCHOA HIERRO FELIX   37 AÑOS
SUESCUN CORERA SEBASTIAN   62 AÑOS
SUESCUN VIDARTE FABRICIANO   37 AÑOS
VELASCO MUNIAIN JOSE   27 AÑOS
VIDARTE FERNANDEZ DOMINGO   62 AÑOS
VIDARTE URRIZA LORENZO   24 AÑOS
VIDONDO OSCARIZ JULIAN   40 AÑOS
ZUFIA MAULEON FERNANDO   57 AÑOS
ZUFIA ZUFIA TOBIAS   47 AÑOS
ZUFIA ZUFIA PEDRO   37 AÑOS

UESTRAS FAMILIAS Y AMIGOS NO OS OLVIDAN

en Berriozar y se hallaron los restos de cuatro personas. Al parecer eran presos del fuerte de San Cristóbal. Fui allí para tocar tierra, para escuchar el ruido de las excavadoras, y resultó muy duro de ver, y muy emotivo, la verdad», comenta Tefi.

En su indagación para dar forma al proyecto escénico, Tefi también acudió a Larraga, al término de San Gil. Eso fue el tres, cuatro y cinco de agosto de 2022. «Fueron tres días bajo un calor aplastante», recuerda la actriz. «No se encontró nada. El terreno era árido y se abría con dificultad, como si no quisiera soltar prenda. Le di fuerte con la azada. Hubo un momento en que el sudor se mezclaba con las lágrimas. De repente, escuché a alguien decir que esa tierra era buena para el espárrago. Me pareció una absurdez, con las masacres y todo ese sufrimiento todavía latente. Lo incluí en el show».

Eso y un puñado de tierra seca que metió en una bolsa, la misma que el público ve caer entre los dedos de *Olvido Flores* en un lance del montaje. Hay voces que claman contra la apertura de las fosas, ¿para que reabrir heridas?, se quejan, sabedores de que la herida jamás se cerró porque muchas almas no obtuvieron el descanso que merecían. Un descanso que solo se logra cuando aquellos que te aman pueden honrarte y otorgarte un lugar en el mundo.

Charla de María José
Sagasti sobre El Circo de
la Plazuela en 1936. Lodosa.

30tv Navarra
14-04-2023

Memoria histórica:
la desaparición
del circo de
Lodosa en 1936.

eitb.eus
07-06-2017

eitb.eus

hamaika

Vídeos
y prensa

noticias de Navarra

Del Circo Anastasini al Circo de Lodosa

Lodosa era en 1979 uno de los pueblos pioneros en buscar la recuperación y dignificación de sus vecinos y vecinas asesinadas y olvidadas 40 años antes. Lo hacía en
un ambiente de aquella naciente democracia, con una
palabra clave —«amnistía»— aplicada a los crímenes
de origen político (el 36, la Guerra, el franquismo, el te-
rrorismo). Amnistía tiene la misma raíz que «amnesia»,
y se pensó que era una buena terapia para una sociedad
que quería «olvidar y perdonar todas las violencias»;
empezar de cero haciendo «borrón y cuenta nueva». En
aquellos años y en ese ambiente, las familias lodosanas
trabajaron discretamente, pero sin descanso, revisando
testimonios de testigos, documentos expurgados, ven-
ciendo el miedo a preguntar y responder. En ese 1979
el pueblo de Lodosa *recuperó y dignificó* a las lodosanas
y lodosanos que habían sido *fusilados y humillados* en
1936. Y en 2013 el Ayuntamiento de Lodosa aprobó por
unanimidad el *reconocimiento y homenaje* a aquellas vecinas y vecinos. Pero lanzaba una pregunta y un reto en
su declaración oficial: *¿No somos capaces de seguir la este-
la de aquella sociedad civil lodosana que los recuperó de las
cunetas y fosas hace más de 30 años?*

Efectivamente Lodosa necesitaba mirar hacia el interior de su pasado reciente, y preguntarse cómo era posible que una comunidad de menos de 5.000 habitantes pudiera sobrellevar en su silencio la muerte de 131 personas, y de tantas familias viviendo en el sufrimiento del silencio impuesto. Y 45 años más tarde de aquellas jornadas de «recuperación y dignificación de los cuerpos», la palabra clave es MEMORIA.

No se entiende el negro, sin el blanco. Ni la oscuridad sin la luz. El olvido voluntario sobre personas a las que se les arrebató la vida de manera injusta e ilegítima, acaba arrebatándoles la dignidad. Cuando la oscuridad se desarrolla durante tantas décadas en una comunidad como Navarra, o un pueblo como el nuestro, el olvido voluntario se convierte en una patología social que se llama **desmemoria.** Y en una sociedad democrática, libre y responsable, la Desmemoria sólo se cura con **memoria;** con Verdad, Justicia y Reparación.

En los tiempos actuales, cuando nos queremos referir a aquellas cuestiones importantes que queremos evitar o ignorar a pesar de su tamaño y relevancia, decimos que tenemos *«un elefante en la habitación».* El ejercicio de Memoria se apoyó en Lodosa en los familiares de las víctimas, pero en estos 45 años de democracia no teníamos a ningún familiar que recordara a una cincuentena de personas que desaparecieron literalmente en aquel fatídico julio lodosano. El *Circo Anastasini* tenía su elefante, caballos, payasos y resto de artistas que una mañana se esfumaron, dejando en La Plazuela la gran carpa montada invadida de silencio y soledad. El llamado «Circo de Lodosa» ha sido hasta hoy nuestro *«elefante en la habitación»* de Lodosa. Son las víctimas de una violencia ilegítima e injusta a las que les debemos la Verdad de lo que pasó; la Justicia del reconocimiento popular al daño causado, y la Reparación de su dignidad y de nuestra propia deuda moral. Para acabar con la Desmemoria de varias de nuestras generaciones sobre unas familias que llegaron a Lodosa a repartir alegría e ilusión, y lo hicieron en las fechas más negras de nuestra historia. Más de 50 personas adultas y niños que formaban el *Circo Anastasini*, y que se instaló en la Plazuela, una de las «salas de estar» más características de Lodosa.

Lodosa, con 131 personas fusiladas, es el municipio con más víctimas de Navarra después de la capital. Pero la cincuentena larga de miembros del *Circo Anastasini* no estaban incluidas en la lista. ¿Era consciente aquella Lodosa del verano del 36 de que el Circo no se había ido, sino que habían hecho desaparecer a sus componentes? ¿Qué pudo pensar aquella generación lodosana al ver las carpas circenses montadas, con sus gradas y sillas, pero con un inmenso vacío? No lo sabemos.

Tenemos una suma de testimonios con inquietantes interpretaciones. La inocente memoria de niños del 36, que recuerdan en sus todavía sonrientes rostros ancianos la alegría de aquellos payasos, el elefante lavándose en el Ebro y aquel chico africano con el que llegaron a jugar. El confuso testimonio de quienes recuerdan que habían oído que los artistas escaparon al campo huyendo del baño de sangre que se iniciaba en el pueblo; de la persecución quemando matas y arbustos en torno a los escondites.

¿Y los enseres y muebles? Durante muchos días la carpa, los maderos de las gradas y las sillas de tijera continuaron en la Plazuela sin que nadie tocara nada, en ese terrorífico «por si acaso» que caracteriza a los escenarios de crimen. El «indulto» a una pareja de artistas, Guillermo y Blanca, porque ella estaba embarazada y dio a luz el 22 de agosto a Jaime, el niño lodosano del *Circo Anastasini*. Sabemos que las lonas se cuartearon y vendieron a agricultores para cubrir los carros de labranza; algunas de ellas con adornos y lentejuelas distinguibles en el desfile de carros de muchos Sangregorios. Sabemos que el Ayuntamiento vendió las sillas de tijera a particulares, y que hoy disponemos de algunas de ellas en perfecto estado. Retazos de recuerdos inconexos que no acaban de componer un relato para entender «lo del Circo de Lodosa».

Para acabar con la Desmemoria de varias de nuestras generaciones sobre unas familias que llegaron a Lodosa a repartir alegría e ilusión, y lo hicieron en las fechas más negras de nuestra historia, en Lodosa hemos querido reponer en La Plazuela un recuerdo permanente a esas más de 50 personas adultas y niños que formaban el *Circo Anastasini*. Nos enorgullece haberlo convertido en un Lugar de Memoria Histórica. Viendo las gradas que representa la obra de Alberto Odériz nos imaginamos la ilusión de niños y niñas de Lodosa ante la llegada de aquel circo. También queremos recordar al «lodosano» del Circo, Jaime Gutiérrez Puig. Era hijo de Guillermo y Blanca, ambos artistas del circo, y al que dejaron nacer en nuestro pueblo un mes más tarde, resultando el legado vivo de aquella tragedia. Las investigaciones de los últimos años van arrojando luz para componer ese relato, que todavía es necesario conocer y trasladarlo convenientemente a nuestro pueblo a todas las generaciones vivas.

El Ayuntamiento de Lodosa, los lodosanos y lodosanas, las familias... nos debíamos este acto de verdad, justicia y reparación. Porque Lodosa quiere ser Lugar de Paz y Convivencia, y proyectar «nuestra mirada crítica y ética sobre aquel pasado que se dé la mano con nuestro presente y nuestro futuro». Recordar al mismo tiempo a todas las personas a las que se arrebató la vida; poniendo en el mismo recuerdo a nuestros vecinos y vecinas con las familias asesinadas del *Circo Anastasini*.

Primero fue el terror. Después, y durante décadas, se impuso el silencio; se pretendió el olvido, pero no lo lograron. Primero recuperamos sus cuerpos de las cunetas para homenajearles y dignificarles, y ahora toca Memoria. Porque nos debíamos Memoria sobre tanta Desmemoria; porque nos debíamos luz sobre el capítulo más oscuro de nuestra historia reciente. El Circo de Lodosa ha sido el último capítulo de nuestra Memoria, y lo hemos devuelto a uno de nuestros rincones más entrañables y característicos de nuestro pueblo: La Plazuela.

Laura Rodríguez Noguera
AYUNTAMIENTO DE LODOSA

1. Felisa Aragón

2. Desconocida

3. Desconocido

4. ¿Anastasini?

5. Desconocido

6. Desconocida

7. Desconocida

8. Asunción Vergara de Luis

9. Felipa del Pueyo Ruiz

10. Araceli Remírez del Pueyo

11. Luisa Gurrea Remírez

12. Maria Luisa Gil Gurrea

13. Rosario Remírez del Pueyo

Se cree que la persona que aparece en la foto con el número cuatro era un miembro del *Circo Anastasini*, pero no se sabe con certeza.

Foto del archivo privado de Araceli Ramírez, vecina de Lodosa.

Tamaño de la foto original 6 x 6 cm.

Arriba la parte frontal, a la izquierda, el reverso.

Fotografía de Toni Sasal

Escultura memorial del Circo Anastasini

La historia y el territorio son algunos de los materiales que usa este arquitecto pamplonés para lanzar mensajes al universo y a la memoria colectiva. En esta ocasión, las gradas rotas en La Plazuela de Lodosa, remiten al ecosistema circense y en concreto al circo que llegó un verano para repartir sonrisas y se encontró con un destino trágico.

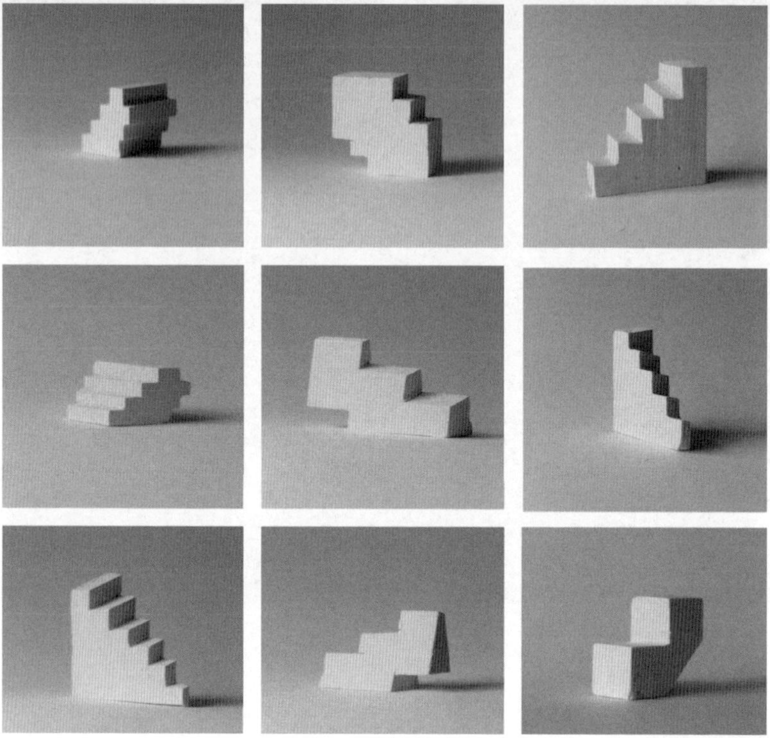

Payasos

"Llevaban payasos, elefantes, caballos, por cierto, le alquilaron la cuadra a mis abuelos"
Ana María.

"Me gustaban los payasos y los caballos"
José Díez.

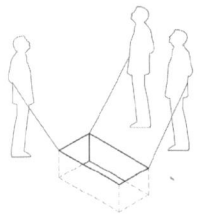

1. Lugar de memoria referenciado en el mapa de fosas (extraída de las proximidades, sin poner en riesgo el sitio arqueológico)

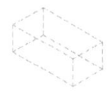

2. Molde para fabricar el bloque con la tierra de cada fosa y hormigón.

3. La geometría tiene una leve inclinación en la mitad superios para evitar encharcamientos.

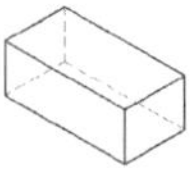

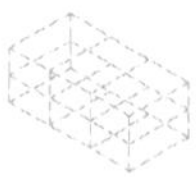

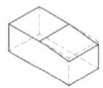

4. La geometría del bloque es un paralelepípedo de 1,5x0,65x0x0,10m

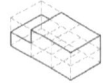

5. En el lado noroeste, la geometría del bloque se adapta para convertirse en escalera.

6. El bloque de hormigón se realizará sobre el lugar próximo a la fosa del CIRCO.

7. Adaptación del módulo como escalera/grada/banca.

8. Adaptación del módulo como escalera/grada/banca.

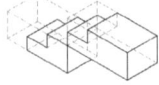

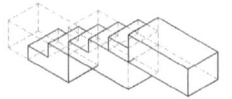

9. En total son 3-4 filas

En esta imagen los hermanos Anastasini, Giovanni, a la izquierda, y Luciano, a la derecha, sentados sobre el monumento al circo de su familia en Lodosa. Fotografía de Kiko Ortega Lafuente.

PARTE III

Anastasini: retrato de familia

Los hermanos Anastasini en el monumento creado por Eme Nieto en homenaje al circo de su familia, en Larraga.

Fotografías de Kiko Ortega Lafuente

El encuentro

El cuatro de diciembre de 2023 los hijos de Renato (super-viviente Anastasini de la tragedia de Lodosa) volvieron al lugar de los hechos. Giovanni y Luciano aterrizaron en tierras navarras desde Florida, donde residen. Y vinieron para honrar la memoria de su familia gracias a la intermediación de Eme Nieto y otros que siguieron la pista perdida hace más de 80 años. Resulta que el *Circo Anastasini*, desde su base en Estados Unidos, sigue montando su carpa por todo el mundo.

«Llamé a Eme a finales de noviembre de 2023 para preguntarle que si podía incluir una foto suya y del monolito en el libro. Tras decirme que sí me comentó que el cuatro de diciembre de ese año, es decir, solo unos días más tarde, ¡vendrían los hijos de Renato a Navarra! Entonces, sin perder tiempo, activamos los protocolos para ir allá a recibirlos. Les hicimos un humilde, pero gran recibimiento en el parque que acoge al monolito dedicado al circo, en Larraga. Increíble», rememora Tefi.

Luego hicieron un tour. La primera parada fue en el término de San Gil, con Eme como guía señalando los lugares donde se hallaron restos. La segunda parada fue ya en la Plazuela de Lodosa. «Sí, es difícil describir con palabras lo que sentimos todos allí, quizá una mezcla de tristeza y alegría porque de algún modo cerrábamos

Eme Nieto señalando el lugar de la excavación.

el círculo», señala Tefi. «Allí les invité a que vinieran a mi local en Pamplona para hacerles un pase de la obra dentro de la caravana».

Todos los asistentes a esa representación privada acabaron llorando. «Los dos hermanos se emocionaron mucho. Les pareció conmovedor que unas personas anónimas, a 9.000 kilómetros de su casa, hubieran montado este homenaje a su familia. Allí surgió un vínculo para toda la vida. Nos invitaron a visitarles en Florida y nos hicieron una promesa...», dice la dramaturga. ¿Cuál? «Pues que el 18 de julio de 2025 volverían para terminar la función que se vio truncada en la guerra».

En las páginas que siguen, un collage de fotografías muestra la visita de los Anastasini a Navarra, y también de instantes del pasado y del presente de esta gran familia circense.

Término de San Gil, entre Larraga y Lerín.

Renato Anastasini estuvo presente en Larraga a través de una emotiva videollamada.

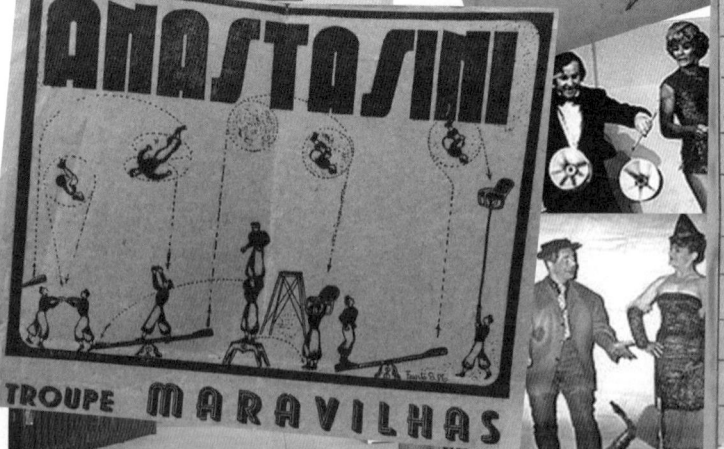

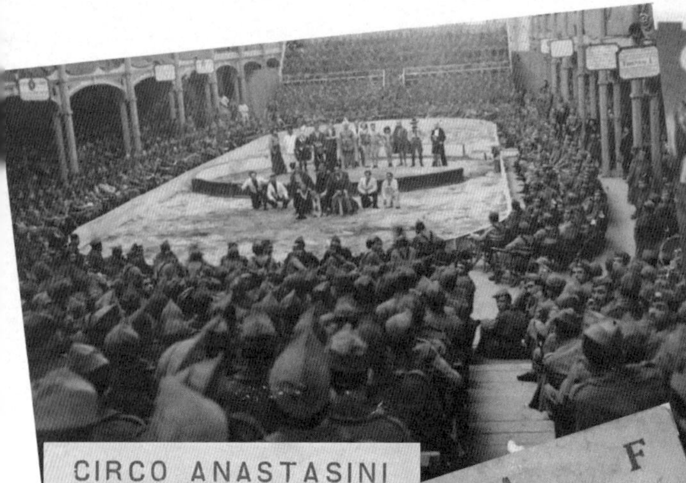
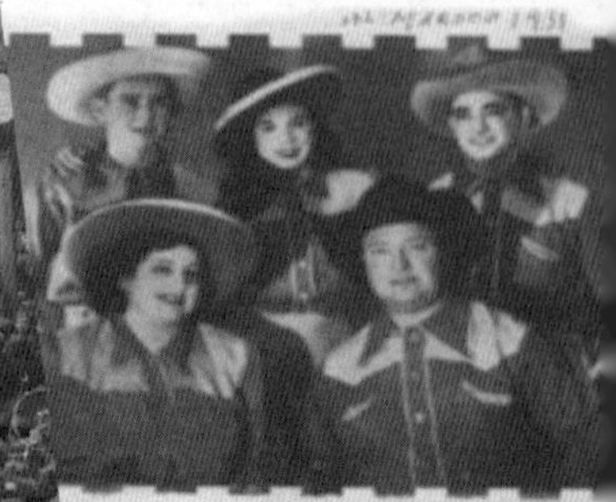
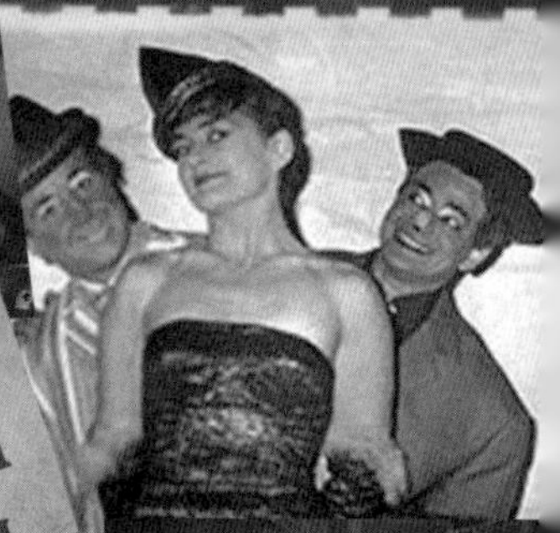
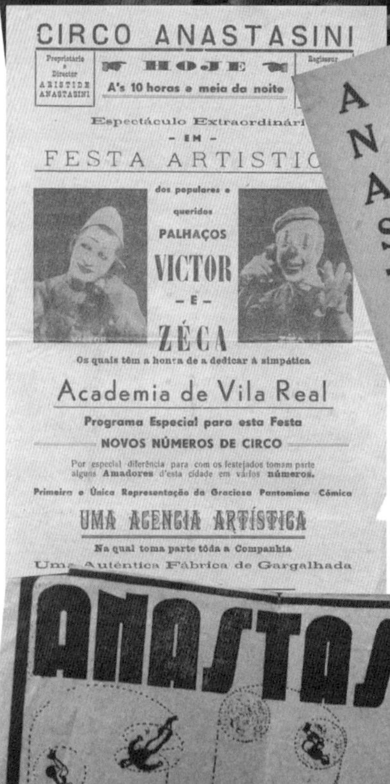
CIRCO ANASTASINI
Proprietário e Director ARISTIDE ANASTASINI
HOJE
A's 10 horas e meia da noite
Espectáculo Extraordinári
- EM -
FESTA ARTISTIC
dos populares e queridos
PALHAÇOS
VICTOR
- E -
ZÉCA
Os quais têm a honra de a dedicar à simpática
Academia de Vila Real
Programa Especial para esta Festa
NOVOS NÚMEROS DE CIRCO
Por especial diferência para com os festejados tomam parte alguns Amadores d'esta cidade em vários números.
Primeira e Única Representação da Graciosa Pantomima Cómica
UMA AGENCIA ARTÍSTICA
Na qual toma parte tôda a Companhia
Uma Autêntica Fábrica de Gargalhada
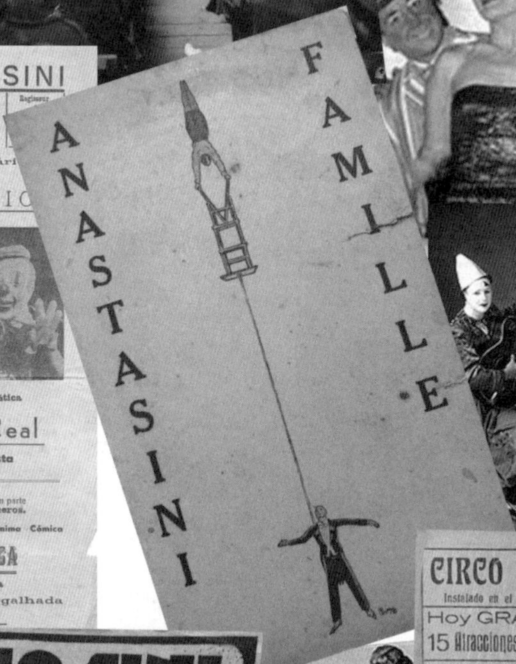
ANASTASINI
FAMILLE
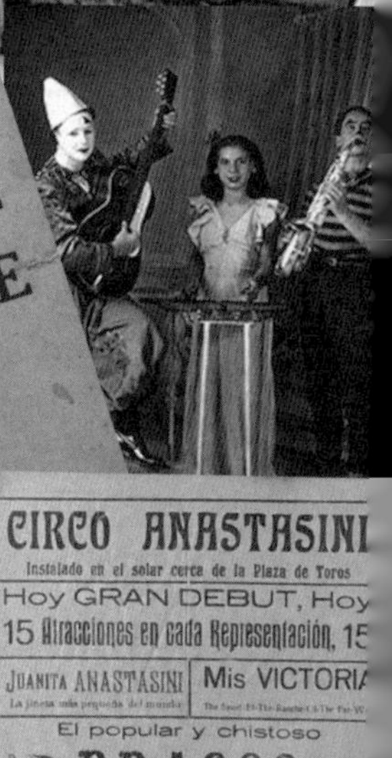
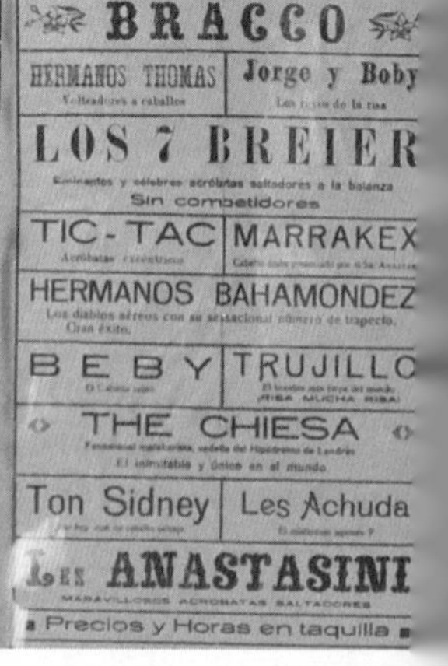
CIRCO ANASTASINI
Instalado en el solar cerca de la Plaza de Toros
Hoy GRAN DEBUT, Hoy
15 Atracciones en cada Representación, 15
JUANITA ANASTASINI
Mis VICTORIA
El popular y chistoso
BRACCO
HERMANOS THOMAS
Volteadores a caballos
Jorge y Boby
LOS 7 BREIER
Eminentes y célebres acróbatas saltadores a la balanza
Sin competidores
TIC-TAC
MARRAKEX
HERMANOS BAHAMONDEZ
Los diablos aéreos con su sensacional número de trapecio.
Gran éxito.
BEBY
TRUJILLO
¡RISA MUCHA RISA!
THE CHIESA
El inimitable y único en el mundo
Ton Sidney
Les Achuda
LES ANASTASINI
MARAVILLOSOS ACROBATAS SALTADORES
Precios y Horas en taquilla
ANASTASINI
TROUPE MARAVILHAS

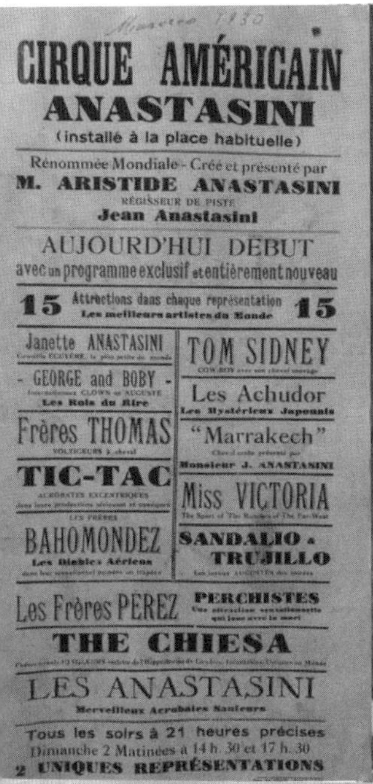
CIRQUE AMÉRICAIN
ANASTASINI
(installé à la place habituelle)

Rénommée Mondiale - Créé et présenté par
M. ARISTIDE ANASTASINI
RÉGISSEUR DE PISTE
Jean Anastasini

AUJOURD'HUI DEBUT
avec un programme exclusif et entièrement nouveau

15 Attractions dans chaque représentation 15
Les meilleurs artistes du Monde

Janette ANASTASINI

TOM SIDNEY

- GEORGE and BOBY -
Les Rois du Rire

Les Achudor
Les Mystérieux Japonais

Frères THOMAS

"Marrakech"
Monsieur J. ANASTANINI

TIC-TAC
ACROBATES EXCENTRIQUES

Miss VICTORIA

LES FRÈRES
BAHOMONDEZ
Les Diables Aériens

SANDALIO & TRUJILLO

Les Frères PEREZ
PERCHISTES

THE CHIESA

LES ANASTASINI
Merveilleux Acrobates Sauteurs

Tous les soirs à 21 heures précises
Dimanche 2 Matinées à 14 h. 30 et 17 h. 30
2 UNIQUES REPRÉSENTATIONS

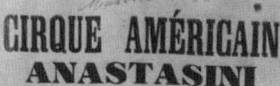

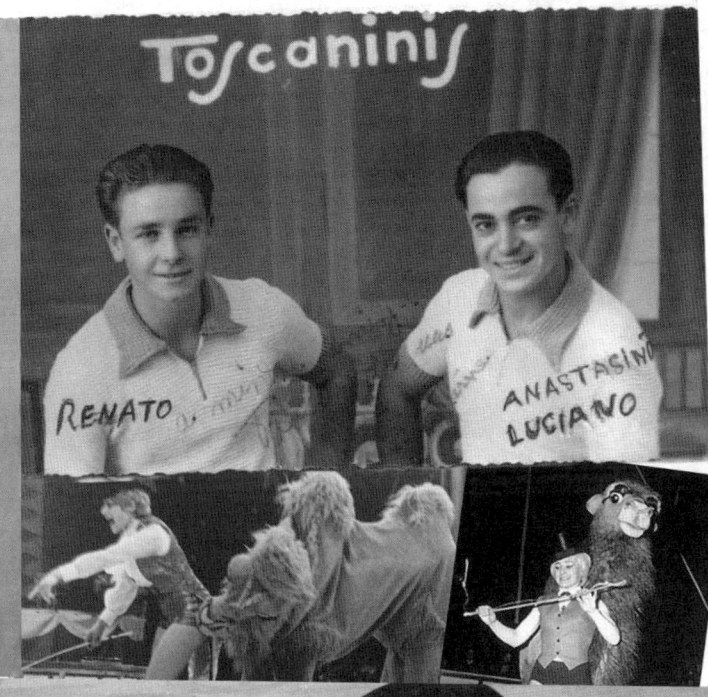

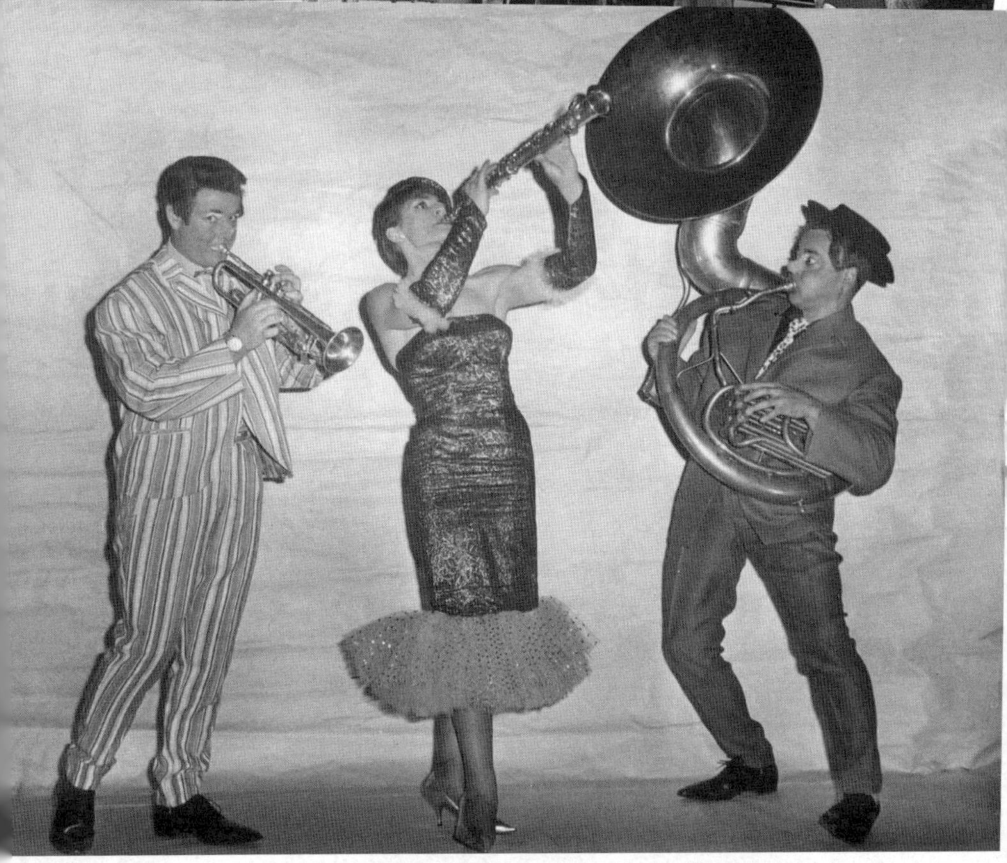

Agradecimientos

Quiero expresar mi más profundo agradecimiento a todas las personas que han compartido este viaje conmigo.

En primer lugar, a mi familia por su constante apoyo.

Deseo agradecer también a la respetable compañía del *Circo Anastasini* por su arte, valentía y su buen hacer, de parte de todos los artistas del gremio os agradecemos vuestro compromiso allí donde estéis.

Mi reconocimiento se extiende a todo el equipo involucrado en el proceso creativo cuyo talento, humanidad y dedicación han dado forma a mis ideas extravagantes. Agradezco especialmente a todas las personas cuya colaboración ha sido fundamental para este proyecto.

No puedo pasar por alto el papel esencial de Patio Teatro; su mirada externa que siempre es desde el amor.

Agradezco asimismo a Iruña Iriarte y a Javier Díaz de Reikiavik Ediciones, así como a Ana Córdoba, por plasmar con maestría la esencia de *Olvido Flores* en el diseño de cada página. Su contribución ha permitido inmortalizar de manera hermosa este arte efímero, asegurando que *Olvido Flores* y los artistas del *Circo Anastasini* perduren en nuestros corazones y estanterías.

Mis gracias se extienden a Grego Navarro, Paco Roda, Ana Diez de Ure, Txema Oderiz, 'Eme' Nieto, María José Sagasti, al Ayuntamiento de Lodosa, Amalia y Benito, Sociedad de Ciencias Aranzadi, Araceli Remírez, Hamaika Telebista, Gobierno de Navarra, Inaem y a fósforos Golondrina por colaborar con este proyecto de diferentes formas.

Y a otros tantos espontáneos que he encontrado en el camino, brindándome valiosa información y contribuyendo a mantener viva la historia, esta historia, nuestra historia.

A Lívory por su arte con la técnica teatral y por aguantarme tantos kilómetros cantando Los Gandules.

Gracias Juanjo Altuna (Jupi) por hacer que la caravana llegue a todas partes.

Por último, te agradezco a ti, sí a ti, por haber elegido este libro y sumergirte en sus páginas para conocer a fondo este relato. Tu apoyo vale oro, como los dientes del abuelo.

Gracias de corazón y ¡larga vida a los Anastasini!

En esta historia de olvido y reparación circense todavía quedan muchos cabos sueltos. Si te enteras de algo que pueda aportar un poco más de luz al relato de los Anastasini, por favor, házmelo saber. Puedes escribirme aquí:

contacto.olvidoflores@gmail.com

Gracias.

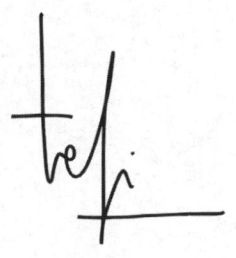

las
maravillas
de júpiter